SUPERALIMENTOS

**Deliciosas recetas
para comidas supernutritivas**

La edición original de esta obra ha sido publicada en el Reino Unido en 2016 por Apple Press, sello editorial de Quantum Publishing Ltd, con el título

Superfoods 24/7. Delicious Recipes for Superfoods at Every Meal

Traducción del inglés Gemma Fors

Producción editorial: Kerry Enzor
Diseño: Lucy Parissi
Fotografía: Jackie Sobon
Edición del proyecto: Rachel Malig
Edición: Emma Harverson

Copyright © de la edición original, Quantum Publishing Ltd, 2016
Copyright © del texto, Jessica Nadel, 2016
Copyright © de las fotografías, Jackie Sobon, 2016
Copyright © de la edición española, Cinco Tintas, S.L., 2016
Diagonal, 402 – 08037 Barcelona
www.cincotintas.com

Impreso en China
Código IBIC: WBJ | WBH

ISBN 978-84-16407-16-3

SUPERALIMENTOS

**Deliciosas recetas
para comidas supernutritivas**

JESSICA NADEL

5tintas

CONTENIDOS

INTRODUCCIÓN

EN LA ACTUALIDAD SE OYE HABLAR MUCHO DE LOS SUPERALIMENTOS, y como muchos de nosotros vamos en busca de ideas para mejorar nuestra dieta y estilo de vida, hay muy buenas razones para prestar mayor atención a lo que comemos. Creo firmemente que existen alimentos asombrosos y mágicos, que fomentan la salud y la vitalidad si los incluimos en una dieta equilibrada.

¿Qué entiendo por superalimentos? Para mí, se trata de alimentos de origen vegetal, integrales, reales, a los que se les atribuye propiedades adicionales que contribuyen a tener una buena salud. Su principal característica es que son ricos en nutrientes: macronutrientes (proteínas, grasas, hidratos de carbono), micronutrientes (vitaminas, minerales, fibra dietética) y antioxidantes que previenen enfermedades. Todos podemos beneficiarnos en gran medida de la incorporación de más alimentos nutritivos en nuestra dieta diaria.

Si bien es cierto que algunos de los superalimentos son menos conocidos —las semillas de chía, el amaranto o el té matcha, por ejemplo— también resulta fácil hallar superalimentos que se esconden delante de nuestras narices. Basta con echar un vistazo a su frutero: seguro que lo tiene repleto de alimentos asombrosos que favorecen una buena salud, como las manzanas y los mangos. Seguramente, además, ya acumulará motu proprio espinacas, col y boniato en el cajón de las verduras; sin pasar por alto las lentejas, la avena, los frutos secos y las semillas que almacene en la despensa. Con estos ingredientes, y los demás que aparecen en el libro, disfrutará de una amplia variedad de deliciosos platos rebosantes de nutrientes.

Aunque no soy una profesional de la salud, sino más bien una apasionada de la cocina con un interés especial por el bienestar general, espero que este libro le ayude a incorporar más superalimentos a su día a día. ¿Por qué recurrir a los suplementos cuando se puede acudir directamente a la fuente? Por descontado, prefiero obtener las vitaminas de alimentos frescos y nutritivos que en forma de píldora.

Como en mi primer libro de cocina, *Greens*, todos los ingredientes que propongo en este son veganos, es decir, libres de productos de origen animal. Mi familia sigue una dieta a base de alimentos de origen vegetal porque respetamos y amamos a los animales, pero también porque nos gusta comer así, especialmente cuando la variedad de vegetales ricos y nutritivos con los que podemos cocinar es tan amplia.

En el presente libro, le mostraré cómo incluir los superalimentos repletos de nutrientes cada día, en cada comida, tentempié y bocado entre horas. La mayoría de los alimentos le resultarán conocidos, pero espero que descubra y se enamore de alguno que no haya probado o que no le gustase antes: tal vez será una nueva afición por las lentejas, el aprecio por la versatilidad de la calabaza, la sutil dulzura de la lúcuma, tan rica en minerales, o la saciante textura de las semillas de chía. Sea lo que fuere, deseo que le inspire a la hora de comer, ¡y en especial de comer bien!

JESS XO

FICHAS DE SUPERALIMENTOS

SEMILLAS Y FRUTOS SECOS

ALMENDRAS Las almendras son muy versátiles: pueden tomarse crudas, tostadas, molidas como una mantequilla, en forma de leche, al horno, espolvoreadas sobre la ensalada, como parte de un salteado de estilo oriental… las opciones son infinitas. Son una maravillosa fuente de vitamina E, que es importante para un sistema inmunitario fuerte y una piel sana, y una buena fuente de proteínas de origen vegetal, cobre, manganeso y magnesio, los cuales combaten el estrés y favorecen la relajación.

NUECES Son ricas en omega-3, que favorece la salud cerebral y cardíaca, y en ácido elágico, que fomenta la función inmunitaria, y son una buena fuente de magnesio, cobre y proteínas de origen vegetal. Aunque poseen un alto contenido graso, múltiples estudios han demostrado que los consumidores habituales de frutos secos presentan un peso menor que quienes no los consumen con regularidad.

SEMILLAS DE CALABAZA Estas semillas verdes son las pipas peladas de la calabaza. Son sabrosas, además de ricas en hierro, magnesio y proteínas: 30 g contienen más proteínas que un huevo. También son una fuente excelente de fibra y de triptófano, el aminoácido cardiosaludable. Tómelas con otros frutos, añádalas a la granola o a sus recetas de galletas para enriquecerlas con proteínas libres de frutos secos, lo que las convierte en aptas para el consumo escolar. Elíjalas crudas, sin sal, y si lo desea, tuéstelas usted mismo con una pizca de sal marina o salsa tamari.

SEMILLAS DE CHÍA Estas diminutas semillas son una excelente fuente nutricional. Poseen un contenido elevado de fibra, de manera que facilitan

SEMILLAS DE CÁÑAMO Las semillas de cáñamo peladas, o corazones de cáñamo, poseen un sabor suave a fruto seco, y llenan el organismo de ácidos grasos esenciales, concretamente de los cardiosaludables omega-3 y omega-6, en cantidades equilibradas. Son una fuente excelente de proteínas, magnesio y fibra, y se ha demostrado que reducen la inflamación y equilibran los niveles hormonales. Además aportan cremosidad a las recetas: ¡yo las echo por encima de todos mis platos! El aceite de cáñamo presenta el mismo sabor que las semillas; puede emplearse crudo para aliños y salsas, o añadirlo a los smoothies, pero no debe usarse para cocinar dado su bajo punto de humo.

DESAYUNO: Smoothie rosa de fresa y cáñamo (p. 22)

COMIDA: Ensalada retro de lechuga (p. 49)

CENA: Tofu rebozado de cáñamo con hojas de berza (p. 122)

GUARNICIÓN: Judías verdes con «pan rallado» de cáñamo y almendras (p. 96)

la digestión y la salud intestinal, y contienen calcio y ácidos grasos omega-3, que son beneficiosos para el corazón. Son capaces de absorber hasta diez veces su peso en agua, de modo que su textura cambia por completo y uno se siente lleno más tiempo. Las hay blancas y negras, y pueden adquirirse enteras o molidas. Se hallan entre los superalimentos más caros, pero con poca cantidad basta: entre una y tres cucharadas al día son más que suficientes.

SEMILLAS DE GIRASOL Son ricas en proteínas de origen vegetal. También son una gran fuente de magnesio, cobre, fibra dietética, vitaminas B, vitamina E y ácido linoleico. Pueden tomarse para picar, en sopas, en ensaladas y con los cereales. También se pueden moler para elaborar mantequilla casera, siguiendo el mismo método que se describe para la mantequilla de almendras (p. 17).

SEMILLAS DE LINO Estas diminutas semillas son ricas en fibra y ácidos grasos esenciales; el lino es una de las mejores fuentes dietéticas de ácidos grasos omega-3, posee propiedades antiinflamatorias y antioxidantes, y favorece la salud cardiovascular y del colon. Para sacarles el mayor partido y absorberlas mejor conviene consumirlas molidas. Se pueden adquirir ya en polvo o molerlas en casa en un pequeño molinillo para especias o café. El lino es una fuente asombrosa de compuestos denominados lignanos, que se ha demostrado que protegen contra el cáncer, en particular los relacionados con las hormonas, como los de mama, útero y próstata. El aceite de lino también debería utilizarse exclusivamente, al igual que el de cáñamo, crudo para aliños, salsas o para añadirlo a los smoothies. El lino también es mi sustituto del huevo preferido a la hora de elaborar galletas y magdalenas (p. 17).

LEGUMBRES Y CEREALES

AMARANTO Como la quinoa, el amaranto es un pseudocereal. Se trata de una diminuta semilla que no se hincha al cocerla y se parece a la polenta. Puede utilizarse para preparar minipalomitas. Es una buena fuente de proteína sin gluten, y aporta el 30% del hierro diario necesario, además del 12% del calcio y un asombroso 40% del magnesio.

AVENA Es tan común que se preguntará por qué se considera un superalimento, pero es una fuente saludable de hidratos de carbono capaz de reducir el nivel de colesterol y controlar la presión arterial. También es rica en el compuesto betaglucano, que estimula la acción del sistema inmunitariio, y favorece la sensación de saciedad durante más tiempo, de modo que puede ser de ayuda para controlar el peso. Utilice copos de avena gruesos o tradicionales o bien avena cortada: las variedades instantáneas no poseen los mismos beneficios, pues han sido procesadas en exceso. Introduzca la avena en su robot de cocina o batidora de mano para hacer su propia harina de avena.

EDAMAME (véase imagen, arriba) Repletas de proteínas, estas habitas verdes de soja también son una buena fuente de minerales como calcio, hierro, magnesio, fósforo, potasio, cobre, cinc, sodio y manganeso, además de vitaminas B_6, C, E y folatos. También contienen isoflavonas, compuestos que pueden resultar beneficiosos para combatir los cambios de la piel relacionados con la edad en mujeres postmenopáusicas. El edamame también es rico en fibra dietética, que ayuda a mantener un sistema digestivo sano. Se pueden adquirir edamame frescos en el mercado, pero también se encuentran en la sección de congelados de algunos

supermercados. Como se recomienda para todos los derivados de la soja, es mejor elegir productos ecológicos.

JUDÍAS AZUKI Estas pequeñas judías rojas se utilizan en la cocina tradicional japonesa para elaborar platos dulces y salados, y también se emplean en las dietas macrobióticas. Cada vez son más fáciles de encontrar, y a mí me gustan porque son ricas en proteínas pero no parecen causar las molestias gastrointestinales que algunas personas experimentan al tomar alubias. Se ha demostrado que normalizan los niveles de azúcar en sangre, además de constituir una buena fuente de fibra —que ayuda a estabilizar el colesterol—, vitaminas y minerales, incluidos la vitamina A, los folatos, el fósforo y el magnesio.

QUINOA Aunque suele agruparse en la categoría de los cereales, en realidad es una semilla, de modo que podemos referirnos a ella como un pseudocereal. Esto no le resta valor como superalimento: es un portento de proteínas y muy buena fuente de manganeso, cobre, hierro, folatos, fósforo y cinc. Su elevado contenido en magnesio puede aliviar la migraña, y se ha demostrado que posee propiedades antiinflamatorias. La quinoa no contiene gluten y se prepara rápidamente: queda ideal en ensaladas, potajes, gachas o hamburguesas vegetales.

LENTEJAS Ricas en fibra, proteína e hidratos de carbono, y bajas en grasa, las lentejas son posiblemente las legumbres más nutritivas. Existen diversas variedades disponibles: las verdes (de tipo francés) o las negras (beluga) mantienen la forma al cocerlas, mientras que las rojas y las amarillas se vuelven suaves y gruesas. Además de ser saludables se preparan rápidamente y no precisan remojo; me encantan en sopas, ensaladas, salsas para la pasta e incluso en platos al horno.

COMIDA: Sopa de lentejas con ajo (p. 69)

CENA: Macarrones con lentejas, aceitunas y kale (p. 117)

POSTRE: Cookies de chocolate con lentejas (p. 165)

PLATO DE BUFÉ: Hamburguesas de lentejas y nueces al curry (p. 82)

ESPECIAS Y ALIÑOS

AJO A pesar de su reputación de causar mal aliento, hace tiempo que el ajo se utiliza como expectorante terapéutico, por lo que resulta útil para tratar el asma, la tos y problemas respiratorios. Contiene fitonutrientes que indican que protege contra la enfermedad de las arterias coronarias, las infecciones y los cánceres, y también es una de las mejores fuentes de potasio, hierro, calcio, magnesio, manganeso, cinc y selenio. Para beneficiarse del compuesto cardiosaludable conocido como alicina, conviene picarlo o chafarlo antes de su uso.

CANELA Se ha demostrado que la fragante canela posee muchas propiedades positivas para la salud. Contiene sustancias fitoquímicas que pueden ayudar a combatir el crecimiento excesivo de las levaduras conocidas como cándida, además de compuestos antiinflamatorios que reducen el dolor muscular y articular. También puede emplearse para aliviar dolores abdominales relacionados con los gases, las náuseas y la reducción del dolor menstrual.

JENGIBRE Cuando me empacho y me encuentro mal, recurro al jengibre. Me basta con una cucharadita de jengibre picado reposado en agua caliente para calmar mi estómago. Se ha utilizado tradicionalmente como antiséptico, tónico digestivo y expectorante, y también como remedio para la fiebre, dado que favorece la transpiración. Para obtener sus máximos beneficios, es mejor usarlo fresco, pero incluso el jengibre seco le da un toque de sabor a salsas, aliños y platos al horno.

CÚRCUMA Todos conocemos esta especia seca tan habitual en la cocina india y presente en las mezclas del curry. La raíz de cúrcuma fresca se parece al jengibre hasta que se corta y queda al descubierto su color anaranjado. Se cree que ayuda a mantener la salud cardíaca y circulatoria; favorece la limpieza de toxinas, y posee propiedades antisépticas, antibacterianas y antiinflamatorias. La curcumina, el principal componente activo de la cúrcuma, se ha utilizado para el tratamiento de la artritis y del síndrome del túnel carpiano, y algunos estudios indican que presenta efectos antitumorales. Yo la añado a todo: platos dulces, salados y smoothies, y la uso, en vez del azafrán, para dar color.

DESAYUNO: Smoothie matinal de maca y cúrcuma (p. 25)

COMIDA: Ensalada de manzana y remolacha (p. 59)

CENA: Tacos con garbanzos, semillas de girasol y piña (p. 127)

POSTRE: Leche dorada de cúrcuma (p. 171)

LOS ANCESTRALES

BAYAS DE ACAI (imagen en la p. 13) Son originarias de la selva amazónica. A menos que uno viva en territorio amazónico, no tendrá acceso a las bayas frescas, pero sí pueden encontrarse en forma de concentrado (ideal para los smoothies), en zumo o en polvo. Es una fuente de potentes antioxidantes, además de proporcionar fibra, hierro, vitamina A, ácidos grasos omega y calcio. Es un producto caro, de modo que puede tomarlo como un capricho ocasional en lugar de como un superalimento diario.

BAYAS DE GOJI Son los frutos de un arbusto montañoso, originario de la China y el Tíbet. Son ideales para añadirlas a las gachas de avena, los smoothies y las galletas, o para picar. Se venden secas como pasas, y las reconocerá por su intenso color rosado. Son ricas en antioxidantes y carotenoides, como el betacaroteno, y se cree que favorecen la buena visión. Contienen más de 18 aminoácidos, 21 oligoelementos y cantidades sustanciales de vitaminas B_1, B_2, B_6, C y E.

LÚCUMA Se trata de una fruta originaria de Perú. Tras deshidratarla a temperaturas bajas, se muele y se utiliza como edulcorante. Para mí, tiene un sabor a medio camino entre el caramelo y el jarabe de arce. Posee un índice glucémico bajo y es rica en betacaroteno y vitamina B_3, lo que contribuye a la producción de energía. También se han demostrado sus propiedades cicatrizantes y antiedad, además de antimicrobianas y antibacterianas.

MACA La maca en polvo lleva tiempo empleándose por sus poderosas cualidades nutricionales. Pertenece a la familia del rábano, y una vez se cosechan las raíces, estas se secan y se muelen. La maca en polvo proporciona calcio, cinc, hierro, magnesio y fósforo, y es rica en vitaminas B, C y E. Se ha demostrado que potencia la energía y la libido, a la vez que equilibra las hormonas. Su sabor a caramelo y malta la convierte en perfecta para usarla en la elaboración de postres.

CACAO El auténtico chocolate procede del cacao. Una vez refinado y procesado, el cacao conserva ciertos beneficios para la salud, pero el cacao puro los mantiene todos. Lo más común es encontrarlo en polvo y en forma de virutas (o nibs) sin edulcorar. El cacao aporta minerales como el magnesio, el cromo, el hierro, el cinc, el cobre y el manganeso. También es una forma concentrada de fibra y contiene potentes antioxidantes que pueden favorecer la buena salud cardiovascular y fortalecer los huesos. El cacao estimula el sistema nervioso, mejora el estado de ánimo e incluso se dice que es un afrodisíaco natural.

DESAYUNO: Smoothie de cacao y nueces (p. 24)

CENA: Tofu con mole de cacao y ensalada de col (p. 126)

POSTRE: Trufas crudas (p. 145)

PLATO DE INVIERNO: Superchocolate caliente (p. 171)

TÉ MATCHA Todos hemos oído decir que el té verde es rico en antioxidantes; por lo tanto, el té matcha podría considerarse como un té verde superlativo. Se elabora a base de hojas de té verde enteras molidas, de modo que nos tomamos una dosis de antioxidantes rica en clorofila (hay quien afirma que reúne los beneficios del té verde en infusión multiplicados por diez). Presenta un suave sabor herbáceo y, en cierto modo, hay que acostumbrarse a él, pero cuando lo probé mezclado con leche de almendras, me enganchó. Es energizante y posee propiedades antiinflamatorias.

FRUTAS

AGUACATE El cremoso aguacate es rico en fibra, además de vitaminas A, B_6, C, E, K y folatos. Si bien su contenido en grasa es elevado, gran parte de la misma es cardiosaludable. Es tan versátil que puede tomarse sobre una tostada, en ensalada, en vez de la mayonesa o la mantequilla en un bocadillo, como postre, e incluso para espesar los smoothies.

ARÁNDANOS Estos frutos rojos tienen fama de superalimento desde hace años, y siguen siendo lo primero que me viene a la cabeza cuando escucho la palabra antioxidante. Es destacable su enorme contenido en proantocianidinas, que protegen de la degeneración celular, y están repletos de vitamina C y fibra.

CÍTRICOS Poseen tantas cualidades asombrosas como variedades deliciosas existen. Los más comunes —limones, limas y naranjas— son ricos en vitamina C, que ayuda al organismo a aprovechar otras vitaminas y minerales. Las limas son alcalinizantes, y el zumo recién exprimido de lima o limón con agua caliente es una excelente manera de empezar el día, además de ser bueno para la función renal y hepática. Los limones poseen cualidades antibacterianas, favorecen la digestión y son un diurético suave. Las naranjas también poseen elevadas concentraciones de vitamina A, antioxidantes, flavonoides, potasio, calcio, magnesio y fibra dietética.

FRESAS Son una rica fuente de vitamina C y con un elevado contenido en antioxidantes y un compuesto flavonoide denominado fisetina, que se cree que protege contra el cáncer. Poseen propiedades antiinflamatorias y son una fuente excelente de manganeso, que resulta esencial para mantener la salud de los huesos. Las fresitas de bosque son mis favoritas pero, tanto si las adquiere en la granja como en la tienda, siempre que pueda elíjalas ecológicas.

GRANADA (véase imagen, p. 14) Es una bonita fruta de color rosado y semillas rojas cuya temporada coincide con el período navideño. Las jugosas semillas (arilos) pueden ser dulces o ácidas, y puedo llegar a comérmelas a cucharadas. Se ha demostrado que tanto el zumo de granada como sus semillas poseen propiedades antimicrobianas y astringentes que depuran y limpian de toxinas. Son ricas en potasio, fósforo, sodio, magnesio y calcio, además de vitaminas A, B y C.

MANGO Esta fruta tropical es rica en vitamina C y betacaroteno. Contiene enzimas que ayudan al organismo a descomponer las proteínas, de modo que es ideal combinarlo con proteínas de origen vegetal como el edamame y las semillas de cáñamo. Existen dos variedades comunes: el mango grande verde y el mango Ataúlfo, pequeño, de piel amarilla y a veces más dulce.

MANZANA Es una gran fuente de fibra y vitamina C, ayuda a equilibrar el nivel de azúcar en sangre, favorece la digestión y reduce la inflamación. Las variedades de piel roja contienen antocianinas de acción antioxidante. Elija siempre manzanas ecológicas cuando sea posible.

COCO Tiene mala reputación por su alto contenido graso, pero posee cualidades asombrosas para las necesidades nutricionales y para la salud. El aceite de coco tiene propiedades antibacterianas, antifúngicas y antivíricas, y es también una grasa de consumo saludable, que se transforma en energía para el organismo de manera casi inmediata. El aceite es, además, una buena fuente vegetal de ácido láurico, que ayuda a mantener sano al sistema inmunitario. La leche de coco es energética y calórica, pero también es rica y cremosa y perfecta para currys, postres y nata montada. La considero un ingrediente maravilloso de uso ocasional. La pulpa del coco es rica en proteína, hierro, magnesio, cinc y folatos. Se encuentra fácilmente deshidratada, seca o en forma de copos (elija variedades sin edulcorar), o si tiene suerte, tal vez tenga acceso a cocos frescos.

DESAYUNO: Galletas de zanahoria y semillas de girasol (p. 42)

COMIDA: Crema de kale y coco con «nata» de anacardos (p. 66)

CENA: Hamburguesas de quinoa, tomate seco y coco (p. 110)

POSTRE: Galletas macaroon de coco y especias (p. 167)

VERDURAS

BRÓCOLI Como otros miembros de la familia de las crucíferas, el brócoli es una buena fuente de vitaminas A, C, K y folatos, todos los cuales poseen papeles muy importantes para garantizar una buena salud. También contiene compuestos glucosinolatos antiinflamatorios y anticancerígenos. Recuerde: no tire los tallos, pues son deliciosos y se pueden pelar y cortar para luego usarlos en ensaladas y salteados orientales.

CALABAZA Contiene muchos compuestos beneficiosos para la salud, como los alfa y betacarotenos y la zeaxantina. Los carotenos son precursores de la vitamina A y favorecen el crecimiento normal, la función del sistema inmunitario y la salud ocular. Utilice puré de calabaza en smoothies, postres, sopas y platos al horno.

COL Es una buena fuente de tiamina, magnesio y fósforo, además de fibra dietética, calcio y vitaminas B_6, C, K y folatos. La col, crujiente y refrescante, no debe pasarse por alto, y hay muchas variedades entre las cuales se puede elegir.

COLES DE BRUSELAS Pueden ayudar a reducir el nivel de colesterol y la inflamación, y están repletas de vitaminas K, C y folatos. Como el brócoli, también contienen compuestos glucosinolatos anticancerígenos. Además, parecen unas graciosas minicoles.

ESPINACAS Ricas en calcio, vitaminas A, B, E, K, hierro y folatos, y también en luteína, un carotenoide que favorece la salud ocular. Elija siempre espinacas ecológicas cuando sea posible.

KALE Es una gran fuente de calcio y vitamina B_6, y posee propiedades antiinflamatorias. Con grandes cantidades de vitamina K (75 g de kale cruda aportan casi un 700% de la cantidad diaria recomendada), la kale es una fuente increíble de la vitamina encargada de la coagulación de la sangre y la salud ósea. También contiene compuestos glucosinolatos anticancerígenos. Elija siempre la kale ecológica cuando sea posible.

ZANAHORIA Además de la variedad de color naranja, las hay moradas, rojas y amarillas. Son ricas en vitaminas A, C y K, potasio, fibra dietética y antioxidantes alfa y betacaroteno, necesarios para la salud ocular y el bienestar en general.

BONIATOS Ricos en vitamina A y potasio, sacian y merecen de sobra su posición de superalimento. Contienen magnesio para combatir el estrés y favorecer la relajación; hierro; vitamina C, que contribuye a la producción de colágeno para una piel sana; y vitamina B_6, que se cree que ayuda a prevenir la enfermedad cardiovascular. Disfrútelo en toda clase de recetas, desde smoothies hasta tartas.

DESAYUNO: Smoothie de boniato, canela y mango (p. 26)

CENA: Tostadas mexicanas con boniato picante (p. 125)

SIDE: Boniatos con nueces y granada (p. 95)

POSTRE: Tarta de «queso» de boniato (p. 168)

LOS OTROS INGREDIENTES

Es posible que no le suene alguno de los ingredientes que se emplean en las recetas del libro, pero se hallan entre mis favoritos por buenas razones.

TAMINOS LÍQUIDOS Condimento para todo uso de la marca Bragg. Se trata de otra alternativa a la salsa de soja y la salsa tamari, sin gluten.

AZÚCAR DE CAÑA SIN REFINAR También denominado azúcar de caña biológico o jugo de caña evaporado. Lo utilizo cuando necesito azúcar granulado apto para el consumo vegano. Conserva las melazas, por lo que su sabor es intenso.

AZÚCAR DE COCO Es un producto fantástico procedente de la palmera. Los cristales de azúcar presentan un color y sabor parecidos al azúcar moreno, y puede utilizarse como edulcorante intenso.

DÁTILES MEDJOOL (véase la imagen de abajo) Estos dátiles dulces son verdaderos caramelos naturales. Son ideales para postres crudos, como las Trufas crudas (p. 145), y para añadir una ligera dulzura adicional a los smoothies. A menos que sean muy tiernos, pueden remojarse en agua caliente 10 minutos antes de su uso para que resulte más fácil mezclarlos.

LEVADURA NUTRICIONAL No debe confundirse con la levadura de panadero ni la levadura de cerveza. Los copos de levadura nutricional poseen un agradable sabor «a queso» y son ideales para añadirlos a salsas, para untar o incluso para rebozar. Algunas marcas ofrecen el producto enriquecido con vitamina B_{12}; yo procuro consumir este tipo.

SALSA TAMARI Es mi salsa de soja preferida y procede de las habas edamame. Es ideal para sazonar y existen variedades sin gluten.

SIROPE DE ARROZ INTEGRAL Este edulcorante natural es espeso y dulce como la miel o el jarabe de azúcar invertido, y resulta perfecto para elaborar barritas de granola u otras recetas que requieran un agente pegajoso que conglomere los ingredientes.

TOFU Es una gran fuente de proteínas de origen vegetal y se elabora a partir de leche de soja o edamame cuajada. Aparece en diversas recetas que ilustran su versatilidad. Existen muchas variedades, aunque las dos que más empleo son la extrafirme para platos salados (se puede encontrar en la sección de refrigerados de las tiendas) y la blanda para salsas suaves y postres (en los estantes de productos no perecederos de las tiendas). Cuando se trata de derivados de la soja, es recomendable optar por un producto ecológico, cuando sea posible.

VINAGRE UMEBOSHI Conocido también como vinagre de ciruelas ume, es el jugo de la conserva de ciruelas ume japonesas con hojas shiso. Suelo recurrir a él para elaborar salsas y aderezos que requieren un sabor salado.

HABILIDADES BÁSICAS

A lo largo del libro se emplean algunos ingredientes con regularidad para elaborar las recetas. He aquí algunos consejos para ayudarle a prepararlos.

KALE Para separar las hojas de su tallo, escoja tantas ramas del manojo como vaya a necesitar y deje intactos los tallos leñosos. Sujete la base de un tallo con una mano. Con la otra, formando una especie de pinza con los dedos, recorra la hoja desde la base del tallo de arriba abajo para separar las hojas. Deseche los tallos y quédese con las hojas. Córtelas o píquelas según precise.

«HUEVO» DE LINO Para hacer un huevo de lino, mezcle 1 cucharada de semillas de lino molidas con 3 cucharadas de agua y déjelas reposar 5 minutos. La combinación se volverá gelatinosa, con una textura viscosa similar a la de un huevo crudo. Mézclela de nuevo y el «huevo» estará listo para utilizarlo en recetas al horno como magdalenas, tartas o panes. No funciona tan bien para sustituir el huevo en recetas de crema pastelera o tortilla.

«HUEVO» DE CHÍA Para hacer un huevo de chía, mezcle 1 cucharada de semillas de chía enteras o molidas con 3 cucharadas de agua y déjelas reposar 5 minutos. La combinación se volverá gelatinosa, con una textura viscosa similar a la de un huevo crudo. Mézclela de nuevo y el «huevo» estará listo para utilizarlo. Al igual que el huevo de lino, es ideal para recetas al horno.

MANTEQUILLA DE ALMENDRAS Para obtener mantequilla de almendras, ponga 170-340 g de almendras (crudas o tostadas) en la batidora y tritúrelas hasta que se forme una masa mantecosa. Puede tardar entre 10 y 15 minutos en formarse esta masa; tras 3 o 4 minutos, se obtienen unas almendras picadas muy finas, luego empiezan a liberarse los aceites y la mezcla se calienta y va convirtiéndose lentamente en mantequilla. Detenga el proceso para incorporar la masa de las paredes del vaso cada dos minutos a fin de que todas las almendras queden integradas en la mezcla y de que no se sobrecaliente la batidora. Cuando la textura sea sedosa, puede añadirle sabores, si lo desea: una pizca de sal marina o un poco de vainilla y canela le van bien. Puede conservarse en un tarro de cristal en el frigorífico hasta dos semanas.

LECHE DE ALMENDRAS Para obtener leche de almendras, es necesario dejar las almendras en remojo durante 8 horas, escurrirlas y enjuagarlas. Ponga 170 g de almendras remojadas en la batidora y tritúrelas con 1 l de agua. Triture a la máxima potencia durante 1 o 2 minutos. Cuele el líquido con una bolsa para leche de frutos secos (una bolsa de nailon de malla fina); si no dispone de ninguna, utilice un colador de malla fina forrado con una tela de queso. Presiónela para aprovechar hasta la última gota de este tesoro. Pásela luego a un recipiente de vidrio y consérvela en el frigorífico hasta cinco días. La leche se separará: simplemente remuévala bien antes de consumirla.

PURÉ DE CALABAZA Lave y seque una o dos calabazas pequeñas y luego corte los extremos. Pártalas por la mitad y vacíelas de semillas e hilillos (guarde las semillas para tostarlas y disfrutar luego de un tentempié crujiente). Corte en dos cada mitad y coloque las cuatro partes en una bandeja para el horno. Áselas a 175 ºC durante 45 minutos, o hasta que queden tiernas y se pinchen bien con un tenedor. Retírelas del horno y déjelas enfriar. Pele los trozos y triture la pulpa en un robot de cocina hasta que quede un puré homogéneo. Si es demasiado líquido, páselo por una bolsa para leche de frutos secos o una tela de queso. Deseche el líquido sobrante y utilice el puré para su receta.

PLANIFICACIÓN DEL MENÚ DIARIO

He aquí algunos ejemplos de planificación del menú diario para comer superalimentos a lo largo de todo el día.

PARA QUE LOS NIÑOS COMAN SUPERALIMENTOS

DESAYUNO: Pancakes esponjosos de plátano y chía (p. 35)

COMIDA: Hamburguesas de alubias negras y cáñamo (p. 109)

TENTEMPIÉ: Barritas de almendra al horno (p. 159)

CENA: Pasta con «queso» de boniato (p. 113)

POSTRE: Brownies de judías azuki (p. 148)

PARA LOS QUE NO TIENEN TIEMPO DE ENTRETENERSE EN LA COCINA

DESAYUNO: Smoothie energético de matcha y kale (p. 25)

COMIDA: Amaranto con cúrcuma, arándanos y almendras (p. 90)

TENTEMPIÉ: Barritas de quinoa sin cocción (p. 157)

CENA: «Arroz frito» de quinoa y verduras (p. 137)

POSTRE: Pudin de tres ingredientes (p. 150)

PARA COMER SANO Y MAXIMIZAR EL CONTENIDO EN NUTRIENTES

DESAYUNO: Smoothie matinal de maca y cúrcuma (p. 25)

COMIDA: Ensalada de kale con aguacate (p. 55)

TENTEMPIÉ: Magdalenas «Morning Glory» (p. 154)

CENA: Bibimbap de tempeh y crucíferas (p. 106)

POSTRE: Bocaditos de Goji y almendra (p. 147)

PARA RECIBIR INVITADOS

DESAYUNO: Gofres de trigo sarraceno y maca con sirope de granada (p. 40)

COMIDA: Ensalada de espinacas y granada (p. 50)

TENTEMPIÉ: Paté de semillas de girasol (p. 81)

CENA: Macarrones con lentejas, aceitunas y kale (p. 117)

POSTRE: Tarta de «queso» de boniato (p. 168)

SMOOTHIES Y DESAYUNOS

SMOOTHIE ROSA DE FRESA Y CÁÑAMO

Las fresas se suavizan aquí con las semillas de cáñamo y su sabor a nuez. Cada ración de este smoothie aporta el 20% de hierro y el 100% de vitamina C diarios.

Prep.: 5 min

300 g de fresas troceadas

35 g de semillas de cáñamo peladas, más 1 cucharadita para espolvorear

225 g de melocotón congelado troceado

250 ml de agua o leche vegetal (al gusto)

1 Introduzca todos los ingredientes en una batidora y tritúrelos a máxima potencia hasta que la mezcla quede suave y espumosa. Añada más líquido si lo desea más claro. Sírvalo de inmediato en unos vasos.

CONSEJO: Juegue con los sabores utilizando diferentes tipos de leche o agua de coco para los smoothies.

CALORÍAS (POR RACIÓN)	201
PROTEÍNAS	9,1 g
GRASA TOTAL	9,7 g
GRASAS SATURADAS	0,9 g
HIDRATOS DE CARBONO	23,5 g
FIBRA DIETÉTICA	5,3 g
AZÚCARES	16,8 g
VITAMINAS	C

SMOOTHIE CÍTRICO DE CHÍA Y GRANADA

El nombre de esta receta lo dice todo: es una explosión de sabores con superalimentos llenos de potasio, vitamina C y antioxidantes.

Prep.: 5 min

75 g de arilos de granada (véase consejo, p. 40)

250 ml de zumo de naranja

1-2 cucharadas de semillas de chía

1 plátano congelado

1 Introduzca todos los ingredientes en una batidora y tritúrelos a máxima potencia hasta que la mezcla quede suave y espumosa. Sírvalo de inmediato en un vaso.

VARIANTE: Si no dispone de granadas, reduzca la cantidad de zumo de naranja a 190 ml y añada 60 ml de zumo de granada y 30 g de frambuesas.

CALORÍAS (POR RACIÓN)	306
PROTEÍNAS	5,1 g
GRASA TOTAL	3,4 g
GRASAS SATURADAS	0 g
HIDRATOS DE CARBONO	70,1 g
FIBRA DIETÉTICA	6,6 g
AZÚCARES	42,8 g
VITAMINAS	B_6, C

SMOOTHIE DE AVENA Y ARÁNDANOS

2 raciones con opción sin gluten

La avena combina bien aquí y aporta fibra y energía para seguir activo toda la mañana. Utilice avena sin gluten si lo desea.

Prep.: 5 min

215 g de arándanos congelados

125 ml de yogur de vainilla de origen vegetal

25 g de copos de avena

500 ml de leche de almendras (p. 17)

2-4 cubitos de hielo (opcional)

1 Introduzca todos los ingredientes en una batidora y tritúrelos a máxima potencia hasta que la mezcla quede suave y espumosa. Añada más cubitos para obtener más espuma, si lo desea. Sírvalo de inmediato en vasos.

CALORÍAS (POR RACIÓN)	199
PROTEÍNAS	3,9 g
GRASA TOTAL	5,0 g
GRASAS SATURADAS	0 g
HIDRATOS DE CARBONO	37,2 g
FIBRA DIETÉTICA	6,1 g
AZÚCARES	17,1 g
VITAMINAS	B$_6$, C, E

SMOOTHIE DE CACAO Y NUECES

2 raciones
sin gluten

Esta receta está repleta de omega-3 procedente de las nueces, que favorece la salud del cerebro, y de los antioxidantes que aporta el cacao, que combaten los radicales libres.

Prep.: 5 min

25 g de nueces troceadas

250 ml de agua

1 plátano congelado

2 dátiles Medjool sin hueso, troceados

2 cucharaditas de cacao en polvo

1 cucharada de mantequilla de almendras (p. 17)

2-3 cubitos de hielo

1 cucharadita de virutas de cacao, para servir

1 Introduzca las nueces, el agua, el plátano y los dátiles en una batidora y tritúrelos a máxima potencia hasta que la mezcla quede suave.

2 Añada el cacao en polvo, la mantequilla de almendras y los cubitos y triture todo de nuevo. Sírvalo en un vaso, con virutas de cacao por encima.

VARIANTE: Para una versión con cafeína, añada un café expreso antes de mezclarlo todo.

CALORÍAS (POR RACIÓN)	241
PROTEÍNAS	5,4 g
GRASA TOTAL	13,7 g
GRASAS SATURADAS	1,8 g
HIDRATOS DE CARBONO	29,5 g
FIBRA DIETÉTICA	5,2 g
AZÚCARES	16,6 g
VITAMINAS	B_6, E

SMOOTHIE MATINAL DE MACA Y CÚRCUMA

2 raciones
sin gluten

La cúrcuma brilla (¡literalmente!) en este smoothie, con sus cualidades curativas y antiinflamatorias. Es tan espeso y delicioso que puede tomarse con cuchara.

Prep.: 5 min

280 g de papaya congelada troceada
1 plátano muy maduro
250 ml de agua de coco
2 cucharaditas de maca en polvo
½-1 cucharadita de cúrcuma
2 cucharadas de bayas de Goji, para servir

1 Introduzca la papaya, el plátano y el agua de coco en una batidora y tritúrelos a máxima potencia hasta que la mezcla quede suave y cremosa.

2 Añada la maca y la cúrcuma y triture todo de nuevo. Añada más líquido si desea un batido más claro. Sírvalo en vasos con bayas de Goji por encima.

CALORÍAS (POR RACIÓN)	209
PROTEÍNAS	2,3 g
GRASA TOTAL	1,5 g
GRASAS SATURADAS	0 g
HIDRATOS DE CARBONO	50,1 g
FIBRA DIETÉTICA	6,2 g
AZÚCARES	36,1 g
VITAMINAS	A, C

SMOOTHIE ENERGÉTICO DE MATCHA Y KALE

2 raciones
sin gluten

Olvídese del café de la mañana: este smoothie le dará toda la energía que necesita. Además de los superpoderes antioxidantes del té matcha, también aporta una buena dosis de calcio.

Prep.: 5 min

2 plátanos congelados
75 g de hojas de kale
375 ml de leche de almendras (p. 17)
3-4 cubitos de hielo
1 cucharadita colmada de té matcha

1 Introduzca los plátanos, la kale, la leche de almendras y los cubitos en una batidora y tritúrelos a máxima potencia hasta que la mezcla quede suave.

2 Añada el té matcha y triture todo de nuevo. Sírvalo de inmediato en vasos.

CALORÍAS (POR RACIÓN)	155
PROTEÍNAS	6,1 g
GRASA TOTAL	2,4 g
GRASAS SATURADAS	0 g
HIDRATOS DE CARBONO	31,4 g
FIBRA DIETÉTICA	7,4 g
AZÚCARES	14,4 g
VITAMINAS	A, B_6, C, E

SMOOTHIE DE BONIATO, CANELA Y MANGO

Aproveche las sobras de boniato asado para este glorioso smoothie dorado.

Prep.: 5 min

150 g de mango congelado troceado

100 g de boniato asado troceado

1 cucharadita de canela

125 ml de zumo de piña

190 ml de agua

½ cucharadita de extracto de vainilla

1 cucharadita de sirope de agave (opcional)

1 Introduzca todos los ingredientes en una batidora y tritúrelos a máxima potencia hasta que la mezcla quede suave y cremosa. Sírvalo de inmediato en unos vasos.

CONSEJO: Ase unos boniatos de más para conservar en el frigorífico, así los tendrá preparados cuando le apetezca un smoothie.

CALORÍAS (POR RACIÓN)	136
PROTEÍNAS	1,7 g
GRASA TOTAL	0,4 g
GRASAS SATURADAS	0 g
HIDRATOS DE CARBONO	32,5 g
FIBRA DIETÉTICA	3,8 g
AZÚCARES	21,1 g
VITAMINAS	A, B$_6$, C

SMOOTHIE POTENTE DE CALABAZA ESPECIADA

Este es un batido otoñal, pero se puede disfrutar en cualquier época del año gracias a la calabaza en lata.

Prep.: 5 min

1 plátano congelado

220 g de puré de calabaza (p. 17) o calabaza en lata

375 ml de leche de soja

2 dátiles Medjool sin hueso

½ cucharada de melaza

1 cucharadita de jengibre fresco picado

½ cucharadita de canela

¼ de cucharadita de nuez moscada

una pizca de clavo en polvo

1 Introduzca todos los ingredientes en una batidora y tritúrelos a máxima potencia hasta que la mezcla quede suave y cremosa. Sírvalo de inmediato en vasos.

CONSEJO: Para un smoothie más dulce, añada una cucharada de lúcuma en polvo, jarabe de arce, sirope de agave o dátiles Medjool sin hueso (como aquí).

CALORÍAS (POR RACIÓN)	265
PROTEÍNAS	8,5 g
GRASA TOTAL	4,3 g
GRASAS SATURADAS	0,6 g
HIDRATOS DE CARBONO	50,5 g
FIBRA DIETÉTICA	7,0 g
AZÚCARES	30,5 g
VITAMINAS	A

SMOOTHIE DE KALE Y PERA

1 ración
sin gluten

¿Por qué no empezar el día con un vaso de kale, rica en hierro y calcio?
El secreto de la cremosidad de este smoothie es el aguacate,
que aporta una dosis extra de grasas saludables.

Prep.: 5 min

1 pera madura, pelada
y sin pepitas
75 g de kale, sin tallos (p. 17)
1 plátano congelado
¼ de aguacate
375 ml de leche de almendras
con vainilla

1 Introduzca todos los ingredientes en una batidora y tritúrelos a máxima potencia hasta que la mezcla quede suave y cremosa. Sírvalo de inmediato en un vaso.

CONSEJO: El aguacate confiere al smoothie una textura espesa, como de nata montada.

CALORÍAS (POR RACIÓN)	326
PROTEÍNAS	5,9 g
GRASA TOTAL	9,4 g
GRASAS SATURADAS	1,2 g
HIDRATOS DE CARBONO	62,3 g
FIBRA DIETÉTICA	10,1 g
AZÚCARES	28,1 g
VITAMINAS	A, B_6, C

SMOOTHIE DE LÚCUMA

El polvo de lúcuma procede de esta fruta peruana deshidratada y, además de darle un sabor dulce e intenso, contiene hierro, betacaroteno y cinc.

Prep.: 5 min

2 plátanos congelados
375 ml de leche de almendras (p. 17)
60 g de mantequilla de almendras (p. 17)
2 cucharadas de lúcuma en polvo
2-4 cubitos de hielo

1 Introduzca todos los ingredientes en una batidora y tritúrelos a máxima potencia hasta que la mezcla quede suave y espumosa. Sírvalo de inmediato en vasos.

CONSEJO: Los plátanos congelados confieren una textura más espesa y cremosa.

CALORÍAS (POR RACIÓN)	373
PROTEÍNAS	8,9 g
GRASA TOTAL	18,9 g
GRASAS SATURADAS	2,6 g
HIDRATOS DE CARBONO	47,5 g
FIBRA DIETÉTICA	6,8 g
AZÚCARES	19,3 g
VITAMINAS	C, E

MERMELADA DE FRUTOS ROJOS

Dejará de comprar mermelada cuando compruebe que puede elaborarla en casa en 30 minutos. Utilice frutos del bosque frescos del tipo que le apetezca.

Prep.: 5 min | Cocción: 10 min (más 20 min de reposo)

120-150 g de frutos rojos a elegir (fresas, frambuesas, arándanos, moras)
1 cucharada de agua
2 cucharadas de jarabe de arce (o al gusto, según el grado de maduración de la fruta)
1 cucharadita de zumo de limón
2 cucharadas de semillas de chía

Véase imagen, p. 31

1 Ponga los frutos rojos y el agua en un cazo a fuego medio durante 5-7 minutos hasta que se ablanden. Chafe la fruta y deje algunos trozos más grandes. Incorpore el jarabe de arce y el zumo de limón.

2 Retire del fuego, añada las semillas de chía y remueva 2 o 3 minutos. Deje reposar unos 20 minutos y remueva de nuevo. Si la mermelada le parece demasiado clara, recuerde que sigue espesándose al reposar; guárdela en el frigorífico para acelerar el proceso. Se conserva hasta una semana en el frigorífico.

CALORÍAS (POR 340 g)	212
PROTEÍNAS	4,0 g
GRASA TOTAL	5,6 g
GRASAS SATURADAS	0 g
HIDRATOS DE CARBONO	44,5 g
FIBRA DIETÉTICA	8,0 g
AZÚCARES	31,3 g
VITAMINAS	C

GALLETAS DE NARANJA Y CACAO

10 galletas

Las virutas de cacao no son dulces pero tienen numerosos beneficios para la salud —sustancias químicas que levantan el ánimo, enormes reservas de magnesio y hierro—. Más ligeras que las galletas tradicionales, estas son ideales para un desayuno especial, y más si se sirven acompañadas de la Mermelada de frutos rojos (p. 29).

Prep.: 15 min | Cocción: 15 min

100 g de harina blanca
100 g de harina integral
1 ½ cucharaditas de levadura en polvo
½ cucharadita de bicarbonato
¼ de cucharadita de sal marina
1 cucharadita de canela
150 g de azúcar moreno
110 g de manteca vegetal
1 huevo de lino (p. 17)
60 ml de leche de almendras (p. 17)
2 cucharadas de zumo de naranja
1 cucharada de raspadura de naranja
40 g de virutas de cacao

1 Precaliente el horno a 200 ºC. En un cuenco grande, mezcle las harinas, la levadura, el bicarbonato, la sal, la canela y el azúcar. Corte la manteca en dados e incorpórela a la mezcla con dos tenedores.

2 Añada el huevo de lino y remueva la combinación ligeramente; luego incorpore la leche, el zumo y la raspadura de naranja. Mezcle todo hasta que los ingredientes secos queden bien integrados y luego añada las virutas de cacao.

3 La masa resultante será pegajosa, pero si lo es demasiado para poder trabajar con ella, añada una o dos cucharadas más de harina. Con las manos enharinadas, haga bolas de unos 60 g y páselas a una bandeja engrasada para el horno. Deje un espacio de 5 cm entre ellas, ya que crecerán al cocerse. Hornéelas de 12 a 15 minutos, luego retírelas del horno y déjelas enfriar.

CALORÍAS (POR RACIÓN)	266
PROTEÍNAS	2,9 g
GRASA TOTAL	13,6 g
GRASAS SATURADAS	5,7 g
HIDRATOS DE CARBONO	33,2 g
FIBRA DIETÉTICA	2,6 g
AZÚCARES	15,1 g
VITAMINAS	C

CREMA DE ACAI CON SUPERINGREDIENTES

1 ración
sin gluten

Esta crema lleva mucho acai, el superalimento brasileño que aporta montones de antioxidantes, vitamina A, hierro y algunas grasas omega cardiosaludables. Además de su bonito tono morado, la crema sirve de base para espolvorear sobre ella todos los superalimentos que se le antojen.

Prep.: 5 min

100 g de puré de acai congelado

1 plátano

165 g de piña troceada

60 ml de agua o leche vegetal (al gusto)

1 cucharada de proteína en polvo a elegir (p. ej., cáñamo, guisante o arroz integral)

PARA ESPOLVOREAR

granola; coco deshidratado; virutas de cacao; almendras laminadas; semillas de cáñamo peladas; semillas de chía; frutos rojos frescos; mantequilla de almendras

1 Introduzca todos los ingredientes en una batidora y tritúrelos a máxima potencia hasta que la mezcla quede suave y cremosa. Añada más líquido si desea una crema más clara, pero recuerde que debe ser lo bastante espesa para tomarla con cuchara.

2 Sírvala en un cuenco, espolvoreada con los ingredientes que haya elegido.

VARIANTE: Si no dispone de puré de acai, utilice arándanos congelados en su lugar.

CALORÍAS (POR RACIÓN)	237
PROTEÍNAS	7,5 g
GRASA TOTAL	3,6 g
GRASAS SATURADAS	0 g
HIDRATOS DE CARBONO	50,9 g
FIBRA DIETÉTICA	10,0 g
AZÚCARES	31,0 g
VITAMINAS	B_6, C

AVENA CON CHÍA, MACA Y ARÁNDANOS

Este es uno de mis desayunos veraniegos favoritos, perfecto para empezar
el día con una comida saciante y saludable. Solo requiere unos minutos
de preparación la vigilia. Se puede utilizar avena sin gluten.

**Prep.: 5 min
(más 1-8 horas de remojo)**

60 g de copos de avena
(no de cocción rápida)

2 cucharadas de semillas de chía

2 cucharaditas de maca en polvo

375-500 ml de leche de almendras
sin edulcorar (p. 17)

1-2 cucharaditas de sirope de
agave o jarabe de arce

75 g de arándanos frescos

¼ de cucharadita de canela

2 cucharadas de almendras
picadas (opcional)

2 cucharadas de Mermelada de
frutos rojos (p. 29) (opcional)

Véase imagen, p. 32, detrás

1 Mezcle la avena, las semillas de chía y la maca en polvo en un
cuenco. Vierta encima la leche de almendras, remueva todo
y deje reposar la mezcla en el frigorífico al menos una hora.
Lo ideal sería dejarla toda la noche.

2 Cuando vaya a tomar la avena, añada un poco de sirope de
agave o jarabe de arce al gusto, incorpore los arándanos
y espolvoree canela por encima. Para que sea más crujiente
(y contenga proteínas) añada almendras picadas o, si desea
edulcorarlo, sírvalo con la mermelada de chía.

VARIANTE: Para tomar este desayuno caliente: siga el paso 1
y luego caliente la mezcla de avena y leche en un cazo durante
10-15 minutos. Endúlcela con sirope de agave o jarabe de arce,
añada los arándanos y la canela y que aproveche.

Si no dispone de arándanos frescos, utilícelos congelados.
Incorpórelos a la mezcla de avena y leche hasta que se descongelen
en la nevera durante toda la noche. Si desea que el plato esté caliente,
cocine las bayas con la avena durante 3-5 minutos, o hasta que se
calienten.

CALORÍAS (POR RACIÓN)	216
PROTEÍNAS	7,1 g
GRASA TOTAL	7,2 g
GRASAS SATURADAS	0,5 g
HIDRATOS DE CARBONO	35,9 g
FIBRA DIETÉTICA	8,2 g
AZÚCARES	7,7 g
VITAMINAS	B_6, E

PANCAKES ESPONJOSOS DE PLÁTANO Y CHÍA

Las semillas de chía, con su magia, dan consistencia a estas esponjosas tortitas y aportan hidratos de carbono ricos en fibras y calcio. Utilice una mezcla a partes iguales de avena y harina sin gluten para elaborar la receta sin gluten.

Prep.: 5 min | Cocción: 20 min

250 g de harina integral
4 cucharaditas de levadura en polvo
2 cucharaditas de bicarbonato
una pizca de sal
2 plátanos
2 cucharadas de semillas de chía
500 ml de leche de almendras (p. 17)

Véase imagen, p. 20, detrás

1 En un cuenco grande, mezcle la harina, la levadura, el bicarbonato y la sal.

2 En otro cuenco, chafe los plátanos hasta hacerlos puré. Añada las semillas de chía y la leche y remueva bien todo.

3 Incorpore los ingredientes húmedos a los secos y bátalos hasta que no queden grumos.

4 Precaliente una sartén. Utilice 60 ml de pasta para cada tortita, y cocínelas 4 o 5 minutos por cada lado, hasta que se doren ligeramente y se cuezan por dentro.

VARIANTE: Vaya un poco más allá y añada un sabor adicional a la pasta en el paso 3. Pruebe alguna de las siguientes opciones: 2 cucharadas de virutas de cacao o pepitas de chocolate; 85 g de trozos de piña; 1 cucharadita de canela; 30 g de coco deshidratado; 75 g de arándanos.

CALORÍAS (POR RACIÓN)	315
PROTEÍNAS	8,4 g
GRASA TOTAL	3,4 g
GRASAS SATURADAS	0 g
HIDRATOS DE CARBONO	65,5 g
FIBRA DIETÉTICA	5,1 g
AZÚCARES	7,4 g
VITAMINAS	A, E

CUADRADITOS DE AVENA Y CALABAZA

Estos cuadraditos de avena al horno son ideales para ofrecer a los invitados. Se preparan en un momento y lo mejor es que, mientras se hornean, su cocina olerá de maravilla. Puede utilizar avena sin gluten.

Prep.: 10 min | Cocción: 25 min

220 g de puré de calabaza (p. 17) o calabaza en lata

375 ml de leche de almendras, y un poco más para servir (p. 17)

2 cucharadas de jarabe de arce

½ cucharada de melaza

1 ½ cucharaditas de canela

1 cucharadita de nuez moscada

⅛ de cucharadita de sal marina

2 cucharadas de aceite de coco derretido, y un poco más para engrasar

225 g de copos de avena

65 g de pacanas tostadas

1 Precaliente el horno a 190 °C. En un cuenco grande, mezcle la calabaza, la leche de almendras, el jarabe de arce, la melaza, las especias y la sal.

2 Añada 2 cucharadas de aceite de coco y los copos de avena y remueva todo bien. Incorpore las pacanas.

3 Extienda la pasta sobre una bandeja para el horno engrasada. Aplane la mezcla sobre toda la superficie de la bandeja y hornéela de 20 a 25 minutos, o hasta que empiece a dorarse. Retírela del horno y sírvala caliente, con un chorrito de leche de almendras si lo desea. Los restos que queden en la bandeja se irán asentando y podrá cortar la pasta y llevarse barritas para desayunar (véase la imagen de la página siguiente).

CALORÍAS (POR RACIÓN)	215
PROTEÍNAS	5,0 g
GRASA TOTAL	11,7 g
GRASAS SATURADAS	3,9 g
HIDRATOS DE CARBONO	23,9 g
FIBRA DIETÉTICA	4,8 g
AZÚCARES	2,2 g
VITAMINAS	A

GACHAS DE QUINOA
CON CRUMBLE DE BROWNIE

4 raciones
sin gluten

Este plato rebosa salud gracias a la quinoa; la lúcuma antiedad; la maca, que equilibra los niveles hormonales; y las potentes Trufas crudas (p. 145), muy ricas en cacao, que lo coronan.

Prep.: 5 min | Cocción: 20 min

170 g de quinoa

625 ml de leche de almendras (p. 17) u otro tipo de leche vegetal (al gusto)

2 cucharadas de lúcuma en polvo

2 cucharaditas de maca en polvo

2 Trufas crudas (p. 145)

1 Lleve a ebullición la quinoa con la leche de almendras en un cazo pequeño a fuego medio. Tape el cazo, baje el fuego y cueza la mezcla unos 15 minutos, o hasta que la quinoa esté tierna y forme una pasta espesa.

2 Retire el cazo del fuego e incorpore la lúcuma y la maca. Tápelo y déjelo reposar 5 minutos, y luego espónjelo con un tenedor. Reparta las gachas en cuencos y sírvalas con las trufas desmigadas por encima.

VARIANTE: Añada color a la receta y más antioxidantes con frutos rojos frescos o 2 cucharadas de bayas de Goji.

CALORÍAS (POR RACIÓN) (SOLO LAS GACHAS)	210
PROTEÍNAS	7,3 g
GRASA TOTAL	4,2 g
GRASAS SATURADAS	0 g
HIDRATOS DE CARBONO	35,1 g
FIBRA DIETÉTICA	3,8 g
AZÚCARES	1,2 g
VITAMINAS	B_6, B_{12}, E

GOFRES DE TRIGO SARRACENO
Y MACA CON SIROPE DE GRANADA

4 raciones

Estos gofres integrales de trigo sarraceno insuflan una potente carga de vitalidad gracias a la canela y la maca, mientras que el jarabe de arce aromatizado con la granada eleva la categoría de este plato de brunch.

Prep.: 20 min | Cocción: 15 min

125 g de harina de trigo sarraceno
125 g de harina blanca
2 cucharadas de maca en polvo
2 cucharaditas de canela
1 cucharada de levadura en polvo
½ cucharadita de sal marina
500 ml de leche vegetal (al gusto)
3 cucharadas de aceite de coco
2 cucharadas de jarabe de arce
40 g de arilos de granada,
para servir

PARA EL SIROPE DE GRANADA

60 ml de zumo de granada
¼ de cucharada de jarabe de arce

Véase imagen, p. 20, delante

1 Precaliente la gofrera, si dispone de una. Si no, utilice una plancha, como se indica en el paso 4.

2 En un cuenco grande, mezcle los ingredientes secos. Añada la leche, el aceite de coco y el jarabe de arce hasta que se forme una pasta suave, con cuidado para no trabajarla en exceso. Resérvela 10 minutos.

3 Mientras, para preparar el sirope de granada, eche el zumo de granada y el jarabe de arce en un cazo pequeño a fuego medio. Cocínelo, removiéndolo de vez en cuando, durante 10-15 minutos, o hasta que el jarabe se reduzca y espese un poco.

4 Cocine la pasta según las instrucciones de la gofrera. Si no dispone de una, caliente una plancha a fuego medio. Úntela con aceite y eche 125 ml de pasta para hacer cada gofre. Cocine los gofres 3 o 4 minutos, luego deles la vuelta y déjelos cocer 3 o 4 minutos más, hasta que se doren. Vaya disponiendo los gofres formando una sola capa en una rejilla para mantenerlos calientes en el horno a 200 °C mientras se acaban de hacer todos. Sírvalos calientes, con sirope y arilos de granada por encima.

CONSEJO: Para abrir la granada y sacar los arilos, pártala por la mitad con un cuchillo afilado (no corte la piel blanca). Tire de las mitades para abrir la fruta. Sobre un bol, sujete una mitad con la mano, con las semillas boca abajo, y golpee la parte superior con una cuchara de madera mientras desgrana la fruta con los dedos sobre la palma de la mano. Los arilos caerán dentro del bol.

CALORÍAS (POR RACIÓN)	488
PROTEÍNAS	12 g
GRASA TOTAL	13,8 g
GRASAS SATURADAS	9,4 g
HIDRATOS DE CARBONO	82,9 g
FIBRA DIETÉTICA	6 g
AZÚCARES	27,4 g
VITAMINAS	C

ARROZ CON LECHE DE COCO Y AMARANTO

4 raciones
sin gluten

Esta receta es un cruce entre el arroz con leche tradicional y el arroz con leche de coco y mango. Es dulce, saciante, repleta de superalimentos, y especialmente rápida de preparar si ya se tienen sobras de arroz en el frigorífico.

Prep.: 5 min | Cocción: 40 min

50 g de amaranto

380 g de arroz integral hervido

500 ml de leche de coco para beber o 1 lata de 400 g de leche de coco ligera

2 cucharadas de agua

¼ de cucharadita de raspadura de naranja

2 cucharadas de jarabe de arce

una pizca de cardamomo, y un poco más para servir

60 g de uvas pasas (opcional)

1 mango maduro, pelado y en dados

Véase imagen, p. 43, detrás

1 En un cazo grande, lleve a ebullición el amaranto, el arroz, la leche de coco, el agua, la raspadura de naranja y el jarabe de arce a fuego medio. Baje el fuego y cocine la mezcla 15 o 20 minutos, removiéndola para que el amaranto no se pegue.

2 Cuando el líquido se haya absorbido y el arroz haya espesado, incorpore el cardamomo y las pasas, si la usa, y remueva todo.

3 Retire el cazo del fuego y deje enfriar el arroz de 5 a 10 minutos, luego sírvalo en cuencos y eche por encima el mango y una pizca de cardamomo.

VARIANTE: Si no dispone de cardamomo, utilice canela.

Este desayuno también puede servirse frío. La mezcla puede volverse algo gelatinosa al reposar, de modo que, antes de servir, es aconsejable removerla y añadir un poco de leche vegetal si es necesario.

CALORÍAS (POR RACIÓN)	312
PROTEÍNAS	4,6 g
GRASA TOTAL	8,8 g
GRASAS SATURADAS	6,5 g
HIDRATOS DE CARBONO	53,2 g
FIBRA DIETÉTICA	2,8 g
AZÚCARES	17,8 g
VITAMINAS	C

GALLETAS DE ZANAHORIA Y SEMILLAS DE GIRASOL

12 galletas

Es fantástico tener galletas integrales y nutritivas a mano cuando se tiene una mañana atareada. El desayuno a toda prisa —y el tentempié de media mañana— se convierte en algo fácil, y a la vez repleto de superalimentos.

Prep.: 15 min | Cocción: 20 min

125 g de harina integral

½ cucharadita de levadura en polvo

¼ de cucharadita de sal marina

1 cucharadita de canela

½ cucharadita de nuez moscada

85 g de mantequilla de almendras (p. 17)

125 g de compota de manzana sin edulcorar

25 g de harina de lino

60 ml de aceite de coco derretido

4 cucharadas de jarabe de arce

1 cucharadita de jengibre fresco picado

110 g de zanahoria rallada

75 g de semillas de girasol peladas

1 Precaliente el horno a 160 °C. En un cuenco grande, mezcle la harina, la levadura, la sal, la canela y la nuez moscada.

2 En otro cuenco, mezcle la mantequilla de almendras, la compota de manzana, la harina de lino, el aceite de coco, el jarabe de arce y el jengibre.

3 Añada los ingredientes húmedos a los secos junto con la zanahoria y las semillas de girasol, y remueva bien la mezcla.

4 Coloque cucharadas grandes de la mezcla sobre una bandeja para el horno y aplánelas levemente con el dorso de la cuchara (no bajarán con la cocción). Hornéelas entre 18 y 22 minutos, o hasta que las galletas ya no le parezcan húmedas. Déjelas enfriar 5 minutos sobre la bandeja antes de pasarlas a una rejilla.

CALORÍAS (POR RACIÓN)	191
PROTEÍNAS	4,3 g
GRASA TOTAL	12,3 g
GRASAS SATURADAS	4,6 g
HIDRATOS DE CARBONO	17,9 g
FIBRA DIETÉTICA	2,2 g
AZÚCARES	5,7 g
VITAMINAS	A

ENSALADAS Y SOPAS

ENSALADA ENERGIZANTE DE QUINOA

4-6 raciones
sin gluten

Con esta ensalada, empezará el día con energía para aguantar hasta el final de la jornada. La quinoa contiene un 50% más de proteínas que el trigo y se cuece en solo 15 minutos: es ideal para comidas rápidas y nutritivas.

Prep.: 10 min | Cocción: 25 min

170 g de quinoa

450 ml de agua

150 g de tomates tipo uva

100 g de pepino sin semillas, en dados

75 g de habas edamame escaldadas

5 g de albahaca picada

1 cebolleta, troceada

2 cucharadas de aceite de oliva virgen extra

2 cucharadas de zumo de lima fresca

sal marina y pimienta negra recién molida, al gusto

1 Lave la quinoa en un colador de malla fina. En un cazo pequeño, lleve la quinoa a ebullición con el agua, luego baje el fuego, tape el cazo y cocínelo 15 minutos o hasta que el líquido se haya absorbido. Retírelo del fuego y déjelo reposar, con tapa, 5 minutos más. Esponje la quinoa con un tenedor y pásela a un cuenco grande para que se enfríe durante 10 minutos.

2 Incorpore los tomates, el pepino, las edamame, la albahaca y la cebolleta.

3 En un cuenco pequeño, mezcle el aceite, el zumo de lima y ¼ de cucharadita de sal. Vierta la mezcla sobre la quinoa y remueva todo. Salpimiente la ensalada al gusto y sírvala.

CALORÍAS (POR RACIÓN)	259
PROTEÍNAS	9,1 g
GRASA TOTAL	11 g
GRASAS SATURADAS	1,5 g
HIDRATOS DE CARBONO	33 g
FIBRA DIETÉTICA	4,5 g
AZÚCARES	1,7 g
VITAMINAS	B_6, C

ENSALADA RETRO DE LECHUGA

4 raciones
sin gluten

He aquí una versión con superalimentos de esta clásica ensalada. El aliño de cáñamo y frutos secos es delicioso y está repleto de proteínas y fibra.

Prep.: 10 min | Cocción: 5 min

1 lechuga Boston o iceberg, en cuartos

75 g de tomates tipo uva o cherry

½ aguacate, en dados

1 cucharada de cebollino picado

PARA EL ALIÑO DE CÁÑAMO

75 g de semillas de cáñamo peladas

40 g de anacardos crudos, tras 4-6 horas de remojo

1 cucharada de zumo de limón

2 cucharadas de vinagre umeboshi

60 ml de agua

1 Para el aliño, introduzca todos los ingredientes en un robot de cocina y tritúrelos hasta obtener una crema homogénea. Puede añadir más agua, media cucharada por vez, hasta conseguir un aliño fluido pero espeso.

2 Coloque cada cuarto de lechuga en un plato con unos tomates y unos dados de aguacate. Alíñelos y espolvoree cebollino por encima.

CALORÍAS (POR RACIÓN)	239
PROTEÍNAS	8,9 g
GRASA TOTAL	18,5 g
GRASAS SATURADAS	2,8 g
HIDRATOS DE CARBONO	12,4 g
FIBRA DIETÉTICA	3,8 g
AZÚCARES	2,3 g
VITAMINAS	B_6

ENSALADA DE RÚCULA Y BAYAS

4 raciones
sin gluten

Esta ensalada estival rebosa de frutos rojos ricos en vitaminas y antioxidantes, y de ácidos grasos omega-3 gracias al aliño con aceite de lino.

Prep.: 5 min

120 g de rúcula

½ cebolla dulce, en láminas finas

150 g de fresas, en láminas

75 g de arándanos frescos

75 g de moras frescas

PARA EL ALIÑO

3 cucharadas de aceite de lino

2 cucharadas de vinagre de vino tinto

1 diente de ajo, picado

sal marina y pimienta negra recién molida, al gusto

Véase imagen, p. 44

1 Disponga la rúcula, la cebolla y la mitad de las frutas en una ensaladera grande.

2 Para el aliño, mezcle el aceite de lino, el vinagre, el ajo, la sal y la pimienta. Añádalo a la ensalada y remuévala. Eche por encima el resto de las frutas y sírvala.

CALORÍAS (POR RACIÓN)	108
PROTEÍNAS	1,3 g
GRASA TOTAL	8,8 g
GRASAS SATURADAS	0,6 g
HIDRATOS DE CARBONO	7,8 g
FIBRA DIETÉTICA	2,3 g
AZÚCARES	4,5 g
VITAMINAS	A, B_6, C

ENSALADA DE ESPINACAS Y GRANADA

4 raciones
sin gluten

Esta ensalada tiene una pinta espectacular, con su variedad de tonos de verde, mientras el té matcha, muy rico en clorofila, supone una deliciosa aportación al cremoso aliño a base de tahini.

Prep.: 25 min

180 g de hojas de espinaca

3 espárragos trigueros, en cintas

75 g de arilos de granada (véase truco, p. 40)

150 g de guisantes frescos pelados (o descongelados)

PARA EL ALIÑO DE TÉ MATCHA

2 cucharadas de tahini

1 cucharadita de té matcha

2 cucharadas de zumo de limón

2 cucharadas de agua

1 cucharada de aminos líquidos

una pizca de sal

1 Mezcle las espinacas y las cintas de espárragos en un cuenco o una bandeja para servir. Eche por encima la granada y los guisantes.

2 Para el aliño de té matcha, mezcle los ingredientes en un bol pequeño hasta obtener una crema suave. Si el aliño es demasiado espeso, añada una cucharadita de agua por vez hasta que pueda verterse sobre la ensalada.

CALORÍAS (POR RACIÓN)	109
PROTEÍNAS	6,5 g
GRASA TOTAL	4,7 g
GRASAS SATURADAS	0,7 g
HIDRATOS DE CARBONO	37,9 g
FIBRA DIETÉTICA	5,9 g
AZÚCARES	5,4 g
VITAMINAS	A, C

ENSALADA TIBIA DE ESPINACAS, QUINOA Y SHIITAKE

Las apetitosas setas shiitake calientes aportan una textura carnosa a esta ensalada. Puede servirse como una guarnición rica en hierro, gracias a las espinacas, o se puede doblar la cantidad de quinoa para conseguir dos raciones de un plato principal.

Prep.: 5 min | Cocción: 25 min

200 g de setas shiitake

1 cucharada de aceite de oliva virgen extra

2 dientes de ajo, picados

2 cucharadas de zumo de lima

2 cucharadas de salsa hoisin sin gluten

185 g de quinoa hervida

120 g de espinacas «baby»

1 cucharada de aceite de sésamo tostado

1 cucharada de salsa tamari sin gluten

Véase imagen, p. ant., delante

1 Limpie las setas y pode los extremos. En una sartén antiadherente, caliente el aceite a fuego medio-alto, luego añada el ajo y las setas, y saltéelos de 5 a 7 minutos o hasta que suelten su jugo.

2 En un cuenco pequeño, mezcle el zumo de lima y la salsa hoisin. Agregue la mezcla a la sartén y remuévala con las setas para que se impregnen de ella. Cocínelas un minuto más, pero sin consumir el líquido, que servirá para el aliño.

3 Recaliente la quinoa ligeramente si ya no está caliente, y mézclela con las espinacas en una ensaladera. Incorpore las setas salteadas y reserve el líquido en la sartén.

4 Añada el aceite de sésamo y la salsa tamari al jugo de la sartén y remuévalos. Vierta el aliño sobre la ensalada y sírvala caliente.

CALORÍAS (POR RACIÓN)	131
PROTEÍNAS	3,5 g
GRASA TOTAL	6,1 g
GRASAS SATURADAS	0,8 g
HIDRATOS DE CARBONO	17,7 g
FIBRA DIETÉTICA	2,5 g
AZÚCARES	3 g
VITAMINAS	A, C

AGUACATE A LA PLANCHA RELLENO DE «CAPRESE»

Los aguacates, ricos en carotenoides, y el tofu marinado sustituyen al queso en esta saciante ensalada y aumentan sus propiedades antiinflamatorias.

Prep.: 10 min (más 1-8 horas para marinar) | Cocción: 6 min

60 g de Pesto de semillas de calabaza (p. 99)

2 cucharadas de aceite de oliva virgen extra, y más para engrasar

60 g de tofu firme, en dados (de 0,5 cm)

2 aguacates

150 g de tomates cherry, cortados por la mitad

una pizca de sal

Véase imagen, p. 52, izquierda

1 En un cuenco pequeño, mezcle el pesto con el aceite de oliva. Vierta la mitad de esta mezcla sobre el tofu en dados y remuévalo para impregnarlo todo. Tápelo con film transparente y déjelo marinar en el frigorífico al menos una hora, preferiblemente toda la noche. Conserve el resto del pesto en el frigorífico para utilizarlo posteriormente.

2 Una vez marinado el tofu, corte los aguacates por la mitad y retire con cuidado el hueso. Con una cuchara grande, vacíe cada mitad procurando mantenerla intacta.

3 Ponga una cantidad generosa de aceite en una plancha y cocine el aguacate, con el lado plano abajo, durante 5-6 minutos, hasta que se caliente. Retírelo (con sumo cuidado, ya que el aguacate es frágil) y déjelo en la bandeja de servir, con el lado plano hacia arriba.

4 Saque el tofu del frigorífico y mézclelo con los tomates y el resto de la salsa pesto. Rellene con él la cavidad de los aguacates hasta colmarlos. Sálelo y sírvalo.

CALORÍAS (POR RACIÓN)	358
PROTEÍNAS	6,2 g
GRASA TOTAL	34,2 g
GRASAS SATURADAS	6,6 g
HIDRATOS DE CARBONO	11,6 g
FIBRA DIETÉTICA	7,7 g
AZÚCARES	2,6 g
VITAMINAS	B_6, C, E

ENSALADA DE KALE CON AGUACATE

4 raciones
sin gluten

Podría tomar kale masajeada con aguacate varias veces a la semana, pero si se le añade la crujiente guarnición integral que se propone aquí, la comería a diario.

Prep.: 15 min | Cocción: 10 min

1 manojo de kale
(unos 10-12 tallos)

1 aguacate

1 cucharada de zumo de limón,
y un poco más para el final

175 g de tofu extrafirme (opcional)

aceite de oliva

sal marina y pimienta negra
recién molida, al gusto

PARA LA GUARNICIÓN DE SUPERALIMENTOS

2 cucharadas de amaranto

40 g de semillas de sésamo

35 g de semillas de cáñamo
peladas

75 g de semillas de calabaza

1 cucharadita de aceite de oliva
virgen extra

¼ de cucharadita de sal marina,
pimienta, ajo en polvo y tomillo

Véase imagen, p. 52, detrás

CALORÍAS (POR RACIÓN)	397
PROTEÍNAS	17,2 g
GRASA TOTAL	30,8 g
GRASAS SATURADAS	5,4 g
HIDRATOS DE CARBONO	19,3 g
FIBRA DIETÉTICA	7,6 g
AZÚCARES	1,1 g
VITAMINAS	A, C, E

1 Lave y seque las hojas de kale. Retire los tallos duros (p. 17), rasgue las hojas para hacer trocitos del tamaño de un bocado y póngalos en una ensaladera. Vacíe la pulpa del aguacate y añádala a la ensaladera. Con las manos limpias, masajee el aguacate y embadurne la kale con él, estrujándola, triturándola y mezclándola durante de un minuto. Condimente ligeramente la mezcla con el zumo de limón y un poco de sal.

2 Para la guarnición complementaria, caliente un cazo pequeño tapado a fuego medio-alto. Para comprobar que está caliente, eche una gota de agua: debería chisporrotear y evaporarse enseguida. Añada 1 de las cucharadas de semillas de amaranto, tape enseguida el cazo y sacúdalo con unos rápidos movimientos de vaivén durante 15 segundos. Luego retírelo del fuego. Al menos la mitad de los granos (con suerte, todos) se habrá hinchado. Páselos a un cuenco, vuelva a poner el cazo al fuego y repita la operación con el resto de las semillas de amaranto.

3 Ponga el cazo a fuego medio y vierta el aceite. Añada las semillas al aceite y remuévalas con una cuchara de madera para que se impregnen. Espolvoree los condimentos por encima y siga removiendo todo a fuego medio durante 5 minutos. Retire el cazo del fuego para que se enfríe del todo.

4 Si va a utilizar tofu, córtelo en dados de 0,5 cm. Envuelva los dados en un papel de cocina limpio y presiónelos para que este último absorba el exceso de agua. Ponga el tofu en un plato plano, rocíelo con un poco de zumo de limón y salpiméntelo. Caliente una sartén a fuego medio-alto y vierta un poco de aceite. Caliéntelo 10 segundos, luego eche el tofu a la sartén. Fríalo 2 minutos, dele la vuelta y repita la misma operación por el otro lado hasta que se caliente bien y se dore.

5 Disponga las hojas masajeadas con el aguacate en unos platos y coloque encima la guarnición y el tofu, si lo utiliza.

ENSALADA VIETNAMITA DE COLES DE BRUSELAS Y FIDEOS

Esta fresca y crujiente ensalada sin duda le alegrará el día, con las coles de Bruselas, ricas en vitamina C, y los vivos sabores de las abundantes hierbas frescas que lleva.

Prep.: 15 min | Cocción: 5 min

180 g de coles de Bruselas

300 g de brotes de alubia

1 zanahoria grande, en juliana

25 g de albahaca tailandesa

25 g de cilantro

10 g de menta

75 g de cacahuetes tostados, troceados

100 g de fideos finos de arroz

3 cucharadas de zumo de lima

2 cucharadas de salsa tamari o de soja sin gluten

2 cucharaditas de agua

2 cucharaditas de vinagre de arroz

1 cucharadita de azúcar de caña sin refinar

1 chile picante pequeño, picado, o ½ cucharadita de copos de guindilla seca (opcional)

1 Pele y deseche las hojas exteriores de las coles de Bruselas. Lave bien las coles y séquelas con un papel de cocina. Pártalas por la mitad y, luego, con la mitad plana bocabajo, lamínelas en unas cintas estrechas. Páselas a un cuenco y añada los brotes de alubia y la zanahoria.

2 Pique bastamente las hierbas frescas e incorpórelas al cuenco, junto con los cacahuetes.

3 Prepare los fideos de arroz según las indicaciones del envoltorio. Si son muy largos, córtelos por la mitad para poder mezclar mejor la ensalada. Incorpórelos al cuenco de la ensalada.

4 En un bol pequeño, mezcle el resto de los ingredientes, vierta el aliño sobre la ensalada y sírvala.

CALORÍAS (POR RACIÓN)	178
PROTEÍNAS	8,5 g
GRASA TOTAL	6,4 g
GRASAS SATURADAS	0,9 g
HIDRATOS DE CARBONO	24 g
FIBRA DIETÉTICA	3,1 g
AZÚCARES	2,7 g
VITAMINAS	A, C

ENSALADA DE MANZANA Y REMOLACHA

6 raciones
sin gluten

Esta bonita ensalada está repleta de ingredientes buenos para la salud, como por ejemplo tallos de brócoli. Después de probarla, no volverá a tirar sus deliciosos (y nutritivos) tallos al cubo del compost.

Prep.: 20 min

3 remolachas amarillas, peladas

1 manzana ácida (tipo Granny Smith), pelada y sin semillas

2 tallos grandes de brócoli, pelados y limpios (la base)

160 g de garbanzos cocidos

PARA EL ALIÑO CREMOSO A LA CÚRCUMA

2 cucharadas de tahini

1 cucharadita de cúrcuma

2 cucharadas de zumo de limón

2 cucharadas de agua

1 cucharada de aminos líquidos

una pizca de sal

1 Para cortar en tiras o en juliana las remolachas, la manzana y los tallos de brócoli, utilice un robot de cocina que incorpore rallador, un rallador manual o un cuchillo. Disponga la fruta y las verduras ralladas en una ensaladera con los garbanzos.

2 Para el aliño, mezcle los ingredientes en un bol pequeño hasta obtener una crema suave. Si el resultado es demasiado espeso, añada una cucharadita de agua por vez hasta aclararlo lo bastante, y riegue con él la ensalada. Sírvala inmediatamente o refrigérela hasta que vaya a tomarla.

CALORÍAS (POR RACIÓN)	119
PROTEÍNAS	4,8 g
GRASA TOTAL	3,7 g
GRASAS SATURADAS	0,5 g
HIDRATOS DE CARBONO	35,5 g
FIBRA DIETÉTICA	4,7 g
AZÚCARES	8,8 g
VITAMINAS	B_6, C

ENSALADA DE PATATA Y BONIATO

Aquí se versiona la tradicional ensalada de patata y se le añade una inyección de superalimentos en forma de boniatos. Las sobras son ideales para llevárselas al día siguiente para comer en el trabajo.

·Prep.: 20 min | Cocción: 20 min

2 boniatos grandes
2 patatas medianas
120 g de apio, troceado
120 g de cebolla, troceada
5-10 g de eneldo, picado
1 pepinillo en vinagre, en pequeños dados
sal marina y pimienta negra recién molida, al gusto

PARA EL ALIÑO

125 ml de mayonesa vegana
1 cucharada de aceite de oliva virgen extra
1 cucharada de mostaza de Dijon
½ cucharada de zumo de limón
½ cucharada de zumo del encurtido

Véase imagen, p. sig., delante

1 Pele los boniatos y las patatas, y córtelos en dados del tamaño de un bocado. Cuézalos al vapor en agua salada hasta que queden tiernos, durante 15-20 minutos. Retírelos del fuego y déjelos enfriar, luego páselos a una ensaladera y refrigérelos 20 minutos.

2 Para el aliño, introduzca todos los ingredientes en un robot de cocina y tritúrelos hasta lograr una mezcla suave, incorporando los restos que hayan quedado en las paredes del recipiente.

3 Añada el apio, la cebolla, el eneldo y el pepinillo a las patatas. Aliñe la ensalada, salpimiéntela y sírvala. Puede prepararla la vigilia y conservarla en el frigorífico hasta el momento de servirla.

CALORÍAS (POR RACIÓN)	228
PROTEÍNAS	3,3 g
GRASA TOTAL	7,4 g
GRASAS SATURADAS	0 g
HIDRATOS DE CARBONO	38,4 g
FIBRA DIETÉTICA	6,2 g
AZÚCARES	3 g
VITAMINAS	C

ENSALADA RANCHERA

Una maravillosa ensalada llena de color con una sabrosa vinagreta cítrica repleta de vitamina C para reforzar el sistema inmunitario.

Prep.: 15 min | Cocción: 10 min

2 mazorcas de maíz, peladas

400 g de alubias negras en lata, escurridas y lavadas

1 pimiento rojo, en dados

60 g de cebolla roja, en dados

25 g de cilantro, picado

1 corazón de lechuga romana, troceado

¾ de aguacate, en dados

PARA LA VINAGRETA DE LIMA

3 cucharadas de zumo de lima

3 cucharadas de aceite de oliva virgen extra o aceite de lino

½ diente de ajo, picado

1 cucharadita de comino molido

1 cucharadita de sal marina

¼ de cucharadita de orégano

Véase imagen, p. 61, detrás

1 Ase el maíz bajo el grill a fuego medio durante 7-10 minutos, dándole la vuelta cada 2 minutos, hasta que se dore ligeramente. Resérvelo hasta que se enfríe lo bastante para manipularlo y luego desgránelo con un cuchillo afilado. Pase los granos a un cuenco.

2 Añada el resto de los ingredientes de la ensalada al cuenco y mézclelos con cuidado.

3 Para la vinagreta, mezcle bien todos los ingredientes. Aliñe la ensalada justo antes de servirla.

VARIANTE: La ensalada también es ideal como relleno para burritos; envuélvala con una tortilla mexicana de arroz o harina integral para una comida de entre semana.

CALORÍAS (POR RACIÓN)	187
PROTEÍNAS	6,3 g
GRASA TOTAL	6,8 g
GRASAS SATURADAS	1,3 g
HIDRATOS DE CARBONO	27,4 g
FIBRA DIETÉTICA	7,2 g
AZÚCARES	4,4 g
VITAMINAS	A, C

ENSALADA CONFETI DE BAYAS DE GOJI

6 raciones
sin gluten

Esta colorida ensalada rebosa sabor y textura, además de aminoácidos y vitaminas procedentes de las bayas de Goji. Es ideal para prepararla con antelación y reservarla en el frigorífico; así podrá llevarse una comida saludable al trabajo.

Prep.: 15 min | Cocción: 10 min

170 g de quinoa

450 ml de agua

1 zanahoria grande, rallada

2 ramas de apio, troceadas

1 pimiento amarillo, sin semillas y troceado

100 g de guisantes frescos pelados (o descongelados)

60 g de bayas de Goji

5 g de perejil, picado fino

zumo de 1 limón

2 cucharadas de aceite de oliva virgen extra

sal marina, al gusto

Véase imagen, p. 135, detrás

1 Enjuague la quinoa en un colador de malla fina. En un cazo pequeño, lleve la quinoa y el agua a ebullición, luego baje el fuego, tape el cazo y déjelo hervir suavemente 15 minutos o hasta que se consuma todo el líquido. Retírelo del fuego y déjelo reposar, con tapa, 5 minutos más. Esponje la quinoa con un tenedor y pásela a un cuenco grande para dejarla enfriar 10 minutos.

2 Incorpore la zanahoria, el apio, el pimiento, los guisantes, las bayas de Goji y el perejil.

3 En un bol pequeño, mezcle el zumo de limón, el aceite de oliva y la sal. Vierta la vinagreta sobre la quinoa y remuévala. Las sobras pueden conservarse hasta cinco días en el frigorífico en un recipiente cerrado.

CONSEJO: Las bayas de Goji pueden resultar bastante secas, más que las pasas. Se ablandan en la ensalada al cabo de unas horas, pero las puede remojar 10 minutos en agua caliente antes de utilizarlas, si lo prefiere.

CALORÍAS (POR RACIÓN)	207
PROTEÍNAS	5,6 g
GRASA TOTAL	7,1 g
GRASAS SATURADAS	1 g
HIDRATOS DE CARBONO	30,9 g
FIBRA DIETÉTICA	4,6 g
AZÚCARES	9,3 g
VITAMINAS	A, B_6, C

SOPA DE BONIATO, COLES DE BRUSELAS Y CEBADA

6 raciones
sin gluten

Esta sopa contiene tantas verduras, cereales y legumbres que cada cuenco constituye una comida completa. Para mí, las estrellas de la sopa son las coles de Bruselas, deliciosas y buenas para combatir el déficit de vitamina A y las enfermedades cardiovasculares.

Prep.: 10 min | Cocción: 50 min

2 cucharadas de aceite de oliva virgen extra

60 g de cebolla o chalotas, troceadas

1 calabacín, cortado en medias rodajas

260 g de boniato, en dados

140 g de coles de Bruselas, partidas por la mitad

1 cucharadita de albahaca seca

½ cucharadita de romero seco

400 g de tomate en lata troceado

320 g de garbanzos cocidos o en conserva

1 l de caldo vegetal

1 l de agua

220 g de cebada descascarillada

2 cucharadas de aminos líquidos

sal marina y pimienta negra recién molida, al gusto

1 En una cazuela grande, caliente el aceite de oliva a fuego medio, y saltee las cebollas hasta que se ablanden, durante 3 o 4 minutos. Añada el resto de las verduras y hierbas y remuévalas para que se impregnen del aceite. Incorpore el tomate y los garbanzos y siga removiendo todo.

2 Añada el caldo, el agua, la cebada y los aminos líquidos, y lleve la sopa a ebullición. Baje el fuego y déjela cocer con tapa de 35 a 40 minutos o hasta que la cebada quede tierna. Cerciórese de remover bien la sopa cada 10 minutos más o menos, y agregue más líquido, si es necesario, para conseguir la consistencia que desee. Salpimiéntela al gusto y sírvala con pan caliente y crujiente.

CALORÍAS (POR RACIÓN)	365
PROTEÍNAS	14,7 g
GRASA TOTAL	7,8 g
GRASAS SATURADAS	1,2 g
HIDRATOS DE CARBONO	95,6 g
FIBRA DIETÉTICA	13,9 g
AZÚCARES	11 g
VITAMINAS	B_6, C

CREMA DE KALE Y COCO CON «NATA» DE ANACARDOS

4-6 raciones
sin gluten

Esta sopa de un bonito tono verde brillante está hecha con kale, que recargará sus reservas de fibra, proteína y calcio, el cual fortalece los huesos. Es rica, reconstituyente y cremosa.

Prep.: 10 min | Cocción: 30 min

1 cucharada de aceite de coco

120 g de cebolla, troceada

425 g de kale, troceada

1 l de caldo vegetal

290 g de guisantes, pelados

1 patata pequeña,
pelada y en dados

400 g de leche ligera de coco
en lata

sal marina y pimienta negra
recién molida, al gusto

aceite de oliva virgen extra o
aceite de cáñamo, para servir

PARA LA «NATA» DE ANACARDOS

85 g de anacardos crudos,
en remojo entre 4 y 6 horas

1 cucharadita de zumo de limón

1 cucharadita de jarabe de arce

2-3 cucharadas de agua

Véase imagen, p. sig., delante

1 Caliente el aceite de coco en una olla mediana a fuego medio-alto, luego añada la cebolla y sofríala 4 o 5 minutos, o hasta que esté tierna y empiece a dorarse.

2 Añada la kale y 250 ml de caldo y cocine todo 2 minutos, removiéndolo sin cesar. Añada los guisantes, la patata y el resto del caldo, y suba el fuego, para llevar la sopa a ebullición. Baje el fuego a medio y déjela cocer, sin tapar, de 12 a 15 minutos.

3 Con una batidora (a tandas), triture la sopa hasta que quede una crema suave; es mejor usar una batidora potente para obtener una crema bien sedosa. Vuelva a verter la crema en la olla, incorpore la leche de coco y salpimiente la sopa al gusto. Manténgala caliente en el fuego hasta el momento de servirla.

4 Para la «nata» de anacardos, introduzca todos los ingredientes en un robot de cocina y tritúrelos hasta obtener un crema ligera. Sirva la sopa en boles con un chorrito de nata de anacardos y unas gotas de aceite de oliva o de cáñamo de gran calidad.

CALORÍAS (POR RACIÓN)	306
PROTEÍNAS	13,7 g
GRASA TOTAL	15,9 g
GRASAS SATURADAS	6,9 g
HIDRATOS DE CARBONO	27 g
FIBRA DIETÉTICA	5,2 g
AZÚCARES	7,8 g
VITAMINAS	A, C

BORSCH DE REMOLACHA Y ACAI

El borsch es una opción vistosa y saludable a base de remolacha, zanahorias y col, la cual es rica en potasio; aquí, además, el acai aporta superpoderes antioxidantes adicionales.

Prep.: 20 min | Cocción: 35 min

2 zanahorias

4 remolachas

½ col blanca

2 cucharadas de aceite de coco

1 cebolla pequeña, troceada

2 dientes de ajo, chafados

750 ml de caldo vegetal

500 ml de agua

zumo de 1 limón

3 cucharadas de aminos líquidos

100 g de puré de acai

sal marina y pimienta negra recién molida, al gusto

crema agria vegana o «Nata» de anacardos (p. 66), para servir

Véase imagen, p. 67, detrás

1 Para rallar las zanahorias, la remolacha y la col, utilice un robot de cocina con un accesorio rallador o un rallador manual, o hágalo a mano con un cuchillo.

2 En una olla grande, caliente el aceite a fuego medio, luego añada la cebolla y el ajo y sofríalos 2 minutos, hasta que se ablanden. Incorpore las verduras ralladas, suba el fuego a medio-alto y cocínelas 5 minutos, removiéndolas a menudo hasta que se ablanden y empiecen a cocerse.

3 Añada el caldo, el agua, el zumo de limón y los aminos líquidos a la olla y lleve la sopa a ebullición. Baje el fuego, remuévala bien, tápela y déjela cocer 25 minutos a fuego lento.

4 Vierta la mitad de la sopa en un bol y déjela enfriar. Añada el puré de acai a la sopa templada del bol; luego, con cuidado, triture con una batidora esta mitad de la sopa (a tandas) y viértala de nuevo en la olla una vez quede cremosa y suave.

5 Salpimiente el borsch al gusto y sírvalo con una cucharada de crema agria vegana o «nata» de anacardos.

CALORÍAS (POR RACIÓN)	132
PROTEÍNAS	5,1 g
GRASA TOTAL	6,8 g
GRASAS SATURADAS	5,1 g
HIDRATOS DE CARBONO	64,5 g
FIBRA DIETÉTICA	4,1 g
AZÚCARES	9,6 g
VITAMINAS	A, C

CREMA DE ZANAHORIA Y MANZANA

4 raciones
sin gluten

Sutilmente dulce gracias a la manzana, muy rica en vitaminas, y con el toque especiado y antibacteriano del jengibre.

Prep.: 15 min | Cocción: 40 min

1 cucharada de aceite de oliva virgen extra

2 chalotas, troceadas

2 cucharadas de jengibre fresco picado

520 g de zanahorias, troceadas

1 manzana, pelada, sin semillas y troceada

750 ml de caldo vegetal

sal y pimienta negra recién molida

cebollino, para servir

25 g de nueces troceadas, tostadas, para servir (opcional)

Véase imagen, p. 67, izquierda

1 En una olla grande, caliente el aceite a fuego medio, luego añada las chalotas y sofríalas 5 minutos. Agregue el jengibre, las zanahorias y la manzana, y sofría otros 5 minutos. Añada el caldo, llévelo a ebullición, baje el fuego y déjelo cocer de 25 a 30 minutos, hasta que las zanahorias queden tiernas.

2 Triture la sopa en una batidora hasta obtener una crema suave. Salpiméntela al gusto y sírvala en cuencos con el cebollino y las nueces.

CALORÍAS (POR RACIÓN)	175
PROTEÍNAS	6,5 g
GRASA TOTAL	8,5 g
GRASAS SATURADAS	1,1 g
HIDRATOS DE CARBONO	20 g
FIBRA DIETÉTICA	4,4 g
AZÚCARES	10 g
VITAMINAS	A, B$_6$

SOPA DE LENTEJAS CON AJO

6 raciones
sin gluten

Una sopa reconfortante inspirada en una deliciosa receta familiar de mi abuela Doris.

Prep.: 15 min | Cocción: 1 h y 15 min

60 ml de aceite de oliva virgen extra

1 cebolla pequeña, troceada

2 dientes de ajo, picados

2 cucharadas de jengibre fresco picado

1 cucharadita de cúrcuma

1 cucharadita de comino en polvo

200 g de lentejas rojas, lavadas

100 g de zanahorias troceadas

400 g de tomate natural en lata, troceado

sal y pimienta negra recién molida

Véase imagen, p. 71, detrás

1 Caliente el aceite en una olla mediana a fuego medio, luego añada la cebolla, el ajo y el jengibre, y sofríalos 5 minutos, removiéndolos. Añada las especias, las lentejas, las zanahorias y el tomate, y siga removiéndolas bien. Poco a poco, vierta los 750 ml de agua y vuelva a removerlo todo.

2 Lleve a ebullición, tape la olla y baje el fuego. Cocine la sopa 1 hora, removiendo de vez en cuando, luego salpiméntela al gusto y sírvala.

CALORÍAS (POR RACIÓN)	235
PROTEÍNAS	9,2 g
GRASA TOTAL	10 g
GRASAS SATURADAS	1,4 g
HIDRATOS DE CARBONO	25,1 g
FIBRA DIETÉTICA	11,3 g
AZÚCARES	2,3 g
VITAMINAS	A

CHILI DE CALABAZA Y JUDÍAS AZUKI

6 raciones
sin gluten

Este plato caliente tiene un sabor ahumado, además de ser saciante y espeso, gracias a la cremosidad del puré de calabaza. Doble la cantidad y llene el congelador de raciones individuales para una comida rápida sin esfuerzo.

Prep.: 10 min | Cocción: 1 h

1 cucharada de aceite de coco

1 cebolla, en dados

3 ramas de apio, en dados

2 zanahorias, en dados

2 cucharaditas de sal marina

2 cucharaditas de chile en polvo

1 cucharadita de comino en polvo

½ cucharadita de ajo en polvo

½ cucharadita de pimentón ahumado

¼ de cucharadita de canela

400 g de judías azuki en lata, escurridas y lavadas

330 g de puré de calabaza (p. 17), o calabaza en lata

800 g de tomate en lata troceado

Véase imagen, p. sig., delante

1 En una olla grande o una cazuela de hierro fundido, caliente el aceite de coco a fuego medio, luego añada la cebolla, el apio y las zanahorias y sofríalos hasta que liberen su aroma y empiecen a ablandarse, unos 5-7 minutos.

2 Sale y añada las especias a la cazuela, junto con las judías, el puré de calabaza y el tomate, y remuévalo todo bien. Suba el fuego hasta que hierva, luego redúzcalo a medio-bajo y cocine todo con la cazuela tapada de 35 a 40 minutos, removiendo de vez en cuando hasta que la zanahoria quede tierna. Sirva el chili con arroz integral, quinoa o triángulos de maíz.

CALORÍAS (POR RACIÓN)	255
PROTEÍNAS	5,3 g
GRASA TOTAL	2,6 g
GRASAS SATURADAS	2 g
HIDRATOS DE CARBONO	53,1 g
FIBRA DIETÉTICA	4,3 g
AZÚCARES	7,4 g
VITAMINAS	A

GAZPACHO DE CÁÑAMO

6 raciones
sin gluten

Sirva esta sopa cruda y fresca en verano, y deje que el potente contenido en selenio del ajo y las bondades cardiosaludables del cáñamo, rico en omegas, le refresquen.

Prep.: 20 min (más 2-3 h de refrigeración)

1 pepino inglés, pelado y troceado

2 tomates de rama, troceados

1 pimiento amarillo, sin semillas y troceado

3 dientes de ajo, picados

2 cucharadas de cebollino picado, más 1 cucharadita para servir

5 g de albahaca, picada

5 g de perejil, picado

½ cebolla roja pequeña, troceada

750 ml de zumo de tomate bajo en sodio

50 g de semillas de cáñamo peladas, más 1 cucharada para servir

sal marina y pimienta negra recién molida, al gusto

1 En un bol grande, mezcle el pepino, los tomates y el pimiento.

2 Retire 350 g de la mezcla de verduras del bol y tritúrelos con el ajo, las hierbas, la cebolla, 250 ml de zumo de tomate y las semillas de cáñamo. Vuelva a pasar este puré al bol, junto con el resto del zumo de tomate, remuévalo bien y salpimiéntelo al gusto.

3 Refrigere la sopa 2 o 3 horas en el frigorífico antes de servirla. Espolvoree unas cuantas semillas de cáñamo y cebollino por encima.

CALORÍAS (POR RACIÓN)	126
PROTEÍNAS	7,2 g
GRASA TOTAL	7,2 g
GRASAS SATURADAS	0,7 g
HIDRATOS DE CARBONO	10,4 g
FIBRA DIETÉTICA	1,9 g
AZÚCARES	5,9 g
VITAMINAS	A, C

SOPA DE FIDEOS UDON CON BRÓCOLI, KALE Y BONIATO

4 raciones
con opción
sin gluten

Este es un caldo con fideos de inspiración oriental repleto de calcio y clorofila, y con boniato, relajante y rico en magnesio. Si le gusta lo verde tanto como a mí, puede aumentar la cantidad de kale. Para un plato sin gluten, utilice fideos udon sin gluten.

Prep.: 15 min | Cocción: 20 min

½ cucharada de aceite de coco

1 diente de ajo, picado

125 g de boniato, en dados

1 l de agua

1 l de caldo vegetal

3 cucharadas de salsa tamari sin gluten

1 cucharada de aceite de sésamo

1 cucharadita de salsa picante sriracha o de chile con ajo

400 g de fideos udon

180 g de cabezuelas de brócoli mini, troceadas

75 g de kale

semillas de sésamo, para servir

10 g de cilantro picado, para servir

1 En una olla mediana, caliente el aceite a fuego medio, luego añada el ajo y el boniato y sofríalos hasta que este último suelte su aroma y se cueza, sin dorarse. Remuévalos para impregnar bien el boniato del aceite.

2 Poco a poco, añada el agua y el caldo a la olla, y llévela a ebullición. Baje el fuego y siga cocinando, con tapa, de 10 a 15 minutos. Cuando el boniato esté cocido (debe quedar muy blando), añada el resto de los ingredientes, excepto la kale, y suba el fuego a media potencia. Cocine 3 minutos más, hasta que los fideos estén listos y el brócoli quede verde y crujiente.

3 Lave y seque las hojas de kale. Retire los tallos duros (p. 17) y trocee finamente las hojas. Mézclelas en la olla y déjelas reposar 1 minuto. Sirva la sopa en boles y espolvoree las semillas de sésamo y el cilantro por encima.

CALORÍAS (POR RACIÓN)	320
PROTEÍNAS	14,7 g
GRASA TOTAL	5,7 g
GRASAS SATURADAS	1,4 g
HIDRATOS DE CARBONO	53,7 g
FIBRA DIETÉTICA	5,4 g
AZÚCARES	8 g
VITAMINAS	A, C

GUARNICIONES Y TENTEMPIÉS

FILETES DE COLIFLOR A LA CÚRCUMA

3-4 raciones
sin gluten

La coliflor puede camuflarse de mil maneras: en este caso, se corta en forma de filetes gruesos y se convierte en una hermosa guarnición. El dúo de superalimentos formado por la cúrcuma y el jengibre aportan a esta receta su magia antiinflamatoria.

Prep.: 15 min | Cocción: 35 min

1 coliflor grande
1 cucharada de aceite de coco
1 cucharada de cúrcuma
1 cucharada de jengibre fresco picado
½ cucharada de zumo de limón
sal marina y pimienta negra recién molida, al gusto
cilantro o perejil picado, para servir

1 Precaliente el horno a 220 °C. Forre una bandeja para el horno con papel vegetal.

2 Corte las hojas verdes de la coliflor. Remoje la coliflor en agua caliente 10 minutos, luego gírela boca abajo sobre un colador para secarla. Retírela del colador y, apoyándola sobre el tallo, córtela en rodajas de 2-2,5 cm. Las de los extremos se desmigarán (guárdelas para otro uso), pero lo ideal es que salgan cuatro «filetes». Pode cualquier resto de hojas que quede, además del tallo, y deje la parte interior intacta.

3 En un plato llano, mezcle el aceite, la cúrcuma, el jengibre, el zumo de limón y un poco de sal y pimienta. Moje en esta combinación los filetes de coliflor por ambos lados; póngase guantes si no quiere que le queden las manos amarillas durante unos días.

4 Disponga las rodajas de coliflor en la bandeja sobre el papel vegetal y hornéelas de 25 a 35 minutos, dándoles la vuelta con cuidado al cabo de 20 minutos, hasta que los tallos se pinchen fácilmente con un tenedor y la coliflor esté dorada. Espolvoree cilantro o perejil picado por encima y sirva la coliflor junto con un plato de cereal y ensalada para completar la comida.

CALORÍAS (POR RACIÓN)	76
PROTEÍNAS	3,1 g
GRASA TOTAL	3,8 g
GRASAS SATURADAS	3,1 g
HIDRATOS DE CARBONO	9,7 g
FIBRA DIETÉTICA	4,1 g
AZÚCARES	3,6 g
VITAMINAS	B_6, C

GALLETAS SALADAS DE QUINOA

Estas galletas saladas se preparan en un abrir y cerrar de ojos, y el resultado es un complemento ideal para untar con humus, chile o mantequillas de semillas o frutos secos.

Prep.: 10 min | Cocción: 55 min

170 g de copos de quinoa

25 g de harina de lino

40 g de semillas de chía

2 cucharadas de amaranto

2 cucharadas de semillas de sésamo

¼ de cucharadita de albahaca seca

¼ de cucharadita de orégano

¼ de cucharadita de cebolla en polvo

¼ de cucharadita de ajo en polvo

½ cucharadita de sal marina

335 ml de agua

Véase imagen, p. 76, detrás

1 Precaliente el horno a 160 °C. Forre una bandeja de horno con papel vegetal.

2 En un bol grande, mezcle todos los ingredientes y resérvelos. Pasados 10 minutos, remuévalos de nuevo; la mezcla será espesa pero fácil de untar.

3 Extienda la mezcla en la bandeja sobre el papel vegetal, mediante una espátula de silicona, para formar una capa fina hasta los bordes. Si no es lo bastante fina, las galletas no serán crujientes y el resultado se parecerá más a un pan o tortilla para enrollar (¡igualmente deliciosos!). Si lo desea, espolvoree un poco más de sal marina por encima. Hornéela de 30 a 40 minutos, hasta que esté lo bastante dura para desprenderla sin que se rompa.

4 Retire el resultado del horno, déjelo enfriar unos minutos y córtelo o rómpalo en trozos. Deles la vuelta a los trozos sobre la bandeja y hornéelos de 10 a 15 minutos más, hasta que queden bien crujientes. Déjelos enfriar por completo y consérvelos en un recipiente hermético hasta cuatro días.

CALORÍAS (POR RACIÓN)	140
PROTEÍNAS	5,1 g
GRASA TOTAL	4,5 g
GRASAS SATURADAS	0,6 g
HIDRATOS DE CARBONO	21 g
FIBRA DIETÉTICA	4,8 g
AZÚCARES	0 g
VITAMINAS	B_6

HUMUS DE LENTEJAS

6-8 raciones
sin gluten

Siempre se puede añadir una receta más de humus al arsenal. Las lentejas aportan hierro, proteínas y fibra dietética a esta versión aromatizada con comino.

Prep.: 5 min | Cocción: 40 min

200 g de lentejas pardinas o verdinas, lavadas

750 ml de agua

2 cucharadas de aceite de oliva virgen extra

2 cucharadas de vinagre de sidra

1 cucharada de tahini

1 chalota pequeña, picada

½ cucharadita de comino en polvo

sal y pimienta negra recién molida

Véase imagen, p. 76, izquierda

1 Lleve las lentejas y el agua a ebullición en una olla grande. Baje el fuego y cocine de 30 a 35 minutos, o hasta que las lentejas estén tiernas. Escúrralas y déjelas enfriar.

2 Mézclelas con el resto de los ingredientes y tritúrelas en un robot de cocina hasta obtener una pasta homogénea. Puede añadir agua para aclarar el humus, si es necesario. Salpimiéntelo el gusto.

CALORÍAS (POR RACIÓN)	120
PROTEÍNAS	5,9 g
GRASA TOTAL	4,8 g
GRASAS SATURADAS	0,6 g
HIDRATOS DE CARBONO	13,4 g
FIBRA DIETÉTICA	2,4 g
AZÚCARES	0 g
VITAMINAS	B_1, B_6, E

PATÉ DE SEMILLAS DE GIRASOL

6 raciones
sin gluten

Rico y sabroso, este paté picante y cargado de proteínas es ideal para untar las Galletas saladas de quinoa (p. ant.), o como salsa para mojar verduras.

Prep.: 40 min

140 g de semillas de girasol crudas

2 cucharadas de tomates deshidratados picados (secos, no en aceite)

60 ml de agua (acabada de hervir)

30 g de zanahoria rallada

1 diente de ajo pequeño

2 cucharaditas de vinagre de sidra

¼ de cucharadita de cúrcuma

¼ de cucharadita de comino en polvo

sal y pimienta negra recién molida

Véase imagen, p. 76, delante

1 Remoje las semillas de girasol en agua 30 minutos. Escúrralas y deseche el agua del remojo. Mientras, rehidrate los tomates secos en el agua caliente durante 15 minutos. Escúrralos y reserve el agua.

2 Triture todos los ingredientes en un robot de cocina con ½ cucharadita de sal marina. Añada el agua de remojo de los tomates si es necesario para obtener la textura de paté. Salpimiéntelo al gusto.

CALORÍAS (POR RACIÓN)	143
PROTEÍNAS	5,1 g
GRASA TOTAL	12,1 g
GRASAS SATURADAS	1,0 g
HIDRATOS DE CARBONO	6,1 g
FIBRA DIETÉTICA	2,3 g
AZÚCARES	1,3 g
VITAMINAS	A, B_6

HAMBURGUESAS DE LENTEJAS Y NUECES AL CURRY

8 raciones
con opción
sin gluten

Las lentejas y las nueces de esta receta incorporan todas la proteínas y fibras que su cuerpo necesita. Estas minihamburguesas son picantes, dulces y sabrosas, y las complementa una salsa fresca y crujiente. Utilice panecillos sin gluten si lo desea.

Prep.: 10 min | Cocción: 20 min

75 g de lentejas cocidas (pardinas, de tipo francés o du Puy)

100 g de nueces

1 cucharadita de curry en polvo

½ cucharada de aminos líquidos

2 cucharadas de chutney de mango, y un poco más para servir (opcional)

8 minipanecillos para hamburguesa

PARA LA SALSA

1 mango, pelado y troceado

75 g de habas edamame

50 g de pepino, sin semillas y troceado

un chorrito de zumo de lima

una pizca de copos de guindilla seca

1 Precaliente el horno a 200 °C. Forre una bandeja de horno con papel vegetal.

2 Triture las lentejas junto con las nueces hasta obtener una textura desigual. Páselas a un bol y mézclelas con el curry en polvo, los aminos líquidos y el chutney de mango.

3 Forme ocho hamburguesitas con la masa y dispóngalas sobre la bandeja del horno. Hornéelas 20 minutos, dándoles la vuelta al cabo de 12 minutos, hasta que se doren ligeramente por ambos lados.

4 Para la salsa, triture todos los ingredientes en un robot de cocina un par de veces hasta lograr una textura fina.

5 Sirva las hamburguesitas dentro de los panecillos con la salsa y otros complementos que desee. Un poco más de chutney de mango les iría perfecto.

CALORÍAS (POR RACIÓN)	200
PROTEÍNAS	5,6 g
GRASA TOTAL	9,7 g
GRASAS SATURADAS	0,9 g
HIDRATOS DE CARBONO	29,3 g
FIBRA DIETÉTICA	3,8 g
AZÚCARES	7,7 g
VITAMINAS	C

ROLLITOS SUSHI DE QUINOA

2-4 raciones
sin gluten

Estos rollitos son perfectos como aperitivo o para una comida ligera. Rellenos de aguacate, quinoa, semillas de cáñamo y verduras crudas, resultan también sorprendentemente saciantes. Conviene consumirlos recién hechos.

Prep.: 15 min | Cocción: 20 min (o véase consejo)

1 aguacate

2 cucharaditas de zumo de limón

2 cucharaditas de vinagre de arroz condimentado

280 g de quinoa cocida

2 hojas de alga nori, cortadas por la mitad

¼ de pepino inglés, en juliana

25 g de coles de Bruselas, en juliana

½ pimiento (rojo, naranja o amarillo), en tiritas

35 g de semillas de cáñamo peladas

Véase imagen, p. ant., izquierda

1 En un bol, chafe el aguacate con el zumo de limón y el vinagre de arroz hasta que se forme una pasta suave. Añada la quinoa y reserve la combinación.

2 Para montar los rollitos, extienda las hojas de alga nori sobre una tabla de cortar o una superficie limpia. Extienda sobre las cuatro hojas la mezcla de aguacate y quinoa, hasta ocupar el tercio izquierdo de la hoja. Añada un poco de pepino, coles de Bruselas, pimiento y semillas de cáñamo, y enrolle las hojas hasta formar rollitos cónicos. Sírvalos enseguida.

CONSEJO: Cocine una buena cantidad de quinoa al comienzo de la semana para tenerla a mano y facilitar la preparación de las comidas. Yo suelo cocinarla en una proporción de una medida de quinoa por dos de agua.

CALORÍAS (POR RACIÓN)	228
PROTEÍNAS	6,9 g
GRASA TOTAL	15,1 g
GRASAS SATURADAS	2,3 g
HIDRATOS DE CARBONO	18,2 g
FIBRA DIETÉTICA	5,5 g
AZÚCARES	1,4 g
VITAMINAS	C

EDAMAME CON AMARANTO CRUJIENTE

4-6 raciones con opción sin gluten

Comida saludable, crujiente y nutritiva. Las palomitas de amaranto son una monada y conservan toda la proteína. Puede utilizar polenta o panko sin gluten, si lo desea.

Prep.: 10 min | Cocción: 10 min

50 g de amaranto

15 g de panko

½ cucharada de gránulos de alga kelp

2 cucharadas de levadura nutricional

raspadura de 1 limón

2 huevos de lino (p. 17)

300 g de habas edamame, descongeladas y peladas

sal marina y pimienta negra recién molida, al gusto

Véase imagen, p. 84, derecha

1 Precaliente el horno a 200 °C. Forre una bandeja de horno con papel vegetal.

2 Caliente un cazo pequeño con la tapa ajustada a fuego medio-alto. Sabrá que está lo bastante caliente cuando al echar una gota de agua, esta chisporrotee y se evapore enseguida. Añada 1 cucharada de las semillas de amaranto al cazo, tape enseguida y sacúdalo en vaivén sobre el fuego para que el amaranto no cese de moverse (y así evitar que se queme) durante 15 segundos. Retire el cazo del fuego. Al menos la mitad de los granos (con suerte, todos) se habrá hinchado. Páselos a un bol, devuelva el cazo al fuego y repita la operación con las cucharadas restantes de semillas de amaranto.

3 Incorpore al bol el panko, los gránulos de alga kelp, la levadura nutricional, la raspadura de limón, un poco de sal marina y pimienta molida, y remuévalo.

4 Sumerja 150 g de edamame en los huevos de lino para remojar las habas y luego páselas con una espumadera a la mezcla de amaranto. Con otra espumadera (o dos tenedores), disponga las habas sobre la bandeja del horno. Repita la operación con el resto del edamame. Extienda las habas formando una capa, intentando que no se toquen entre sí.

5 Hornéelas de 8 a 10 minutos, hasta que se doren ligeramente, vigilando atentamente al cabo de los 8 minutos para que no se quemen. Retírelas del horno y déjelas enfriar antes de servir.

CALORÍAS (POR RACIÓN)	96
PROTEÍNAS	6,4 g
GRASA TOTAL	2,3 g
GRASAS SATURADAS	0 g
HIDRATOS DE CARBONO	12,9 g
FIBRA DIETÉTICA	3,7 g
AZÚCARES	0,6 g
VITAMINAS	B_6, B_{12}

FALAFEL DE AMARANTO AL HORNO

8 raciones con opción sin gluten

Los falafels pueden enriquecerse con más calcio, proteína y fibra
añadiéndoles amaranto, «la semillita poderosa».
Puede utilizar panko sin gluten si lo desea.

Prep.: 30 min | Cocción: 25 min

50 g de amaranto

125 ml de caldo vegetal

un bote de 425 g de garbanzos
escurridos y lavados, o 240 g
de garbanzos cocidos

1 diente de ajo, picado

3 cucharadas de panko

2 cucharadas de perejil, picado

2 cucharadas de cilantro, picado

1 cucharadita de raspadura
de limón

sal marina y pimienta negra recién
molida, al gusto

aceite de oliva virgen extra

nabo en conserva (opcional)

PARA LA SALSA DE HUMUS Y TAHINI

125 ml de Humus de lentejas (p. 81)

1 cucharada de tahini

3 cucharadas dc agua

1 cucharada de zumo de limón

Véase imagen, p. 76, detrás

1 Precaliente el horno a 190 °C. Forre una bandeja de horno con papel vegetal.

2 Ponga el amaranto y el caldo en un cazo pequeño y llévelo a ebullición a fuego alto. Reduzca el fuego hasta la potencia baja, tape el cazo y cocine de 15 a 20 minutos, removiéndolo de vez en cuando, hasta que se absorba el caldo. Retírelo del fuego y resérvelo.

3 Mientras, chafe los garbanzos con un tenedor o un robot de cocina. Páselos a un bol grande e incorpore el ajo, el panko, el perejil, el cilantro, la raspadura y el amaranto. Salpimiente la mezcla al gusto y refrigérela de 15 a 20 minutos.

4 Haga bolas con la mezcla usando una cuchara, y dispóngalas sobre el papel vegetal de la bandeja para el horno. Rocíelas con un poco de aceite (con pincel o pulverizador). Hornéelas de 15 a 20 minutos, o hasta que las bolas se doren y estén crujientes.

5 Para la salsa de humus y tahini, mientras se hornean los falafels, mezcle el humus de lentejas con el tahini y el agua en un cuenco. Retire los falafels del horno y sírvalos con la salsa y el nabo en conserva, si lo desea.

CALORÍAS (POR RACIÓN)	199
PROTEÍNAS	9,1 g
GRASA TOTAL	7,7 g
GRASAS SATURADAS	1,1 g
HIDRATOS DE CARBONO	23,8 g
FIBRA DIETÉTICA	7,6 g
AZÚCARES	0,9 g
VITAMINAS	B_6

ACHICORIA ROJA CON NARANJA

4 raciones
sin gluten

Las dulces y jugosas naranjas endulzan esta receta de achicoria roja a la plancha.

Prep.: 15 min | Cocción: 15 min

2 achicorias rojas, en cuartos

2 cucharadas de aceite de oliva virgen extra

1 naranja, pelada y sin piel blanca, cortada en rodajas de 0,5 cm de grosor

60 ml de Aliño de cáñamo (p. 49)

35 g de semillas de calabaza tostadas

sal marina y pimienta negra recién molida, al gusto

Véase imagen, p. sig., delante

1 Aliñe los cuartos de achicoria roja con aceite y salpimiéntelos. Áselos en una plancha caliente, 3 minutos por cada uno de los tres lados, hasta que se tuesten y se ablanden.

2 Disponga la naranja y la achicoria sobre una bandeja, condiméntelas con el aliño, espolvoree las semillas de calabaza por encima y sírvalas.

CALORÍAS (POR RACIÓN)	219
PROTEÍNAS	7,3 g
GRASA TOTAL	17,1 g
GRASAS SATURADAS	2,3 g
HIDRATOS DE CARBONO	11,5 g
FIBRA DIETÉTICA	2,6 g
AZÚCARES	5,1 g
VITAMINAS	C

KALE CON CREMA DE COCO

6 raciones
sin gluten

Este cremoso plato de verduras al estilo sureño aporta todas las vitaminas de la kale.

Prep.: 5 min | Cocción: 25 min

1 cucharada de aceite de coco o de oliva virgen extra

2 chalotas, en láminas

2 dientes de ajo, picados

2 manojos de kale, sin tallos leñosos (p. 17), con las hojas en juliana

400 ml de leche de coco ligera en lata

¼ de cucharadita de copos de pimiento rojo

¼ de cucharadita de nuez moscada

sal y pimienta negra recién molida

Véase imagen, p. sig., detrás

1 Caliente el aceite en una sartén a fuego medio-alto. Añada las chalotas y sofría de 4 a 5 minutos. Agregue el ajo y sofria la mezcla 2 minutos más.

2 Agregue la mitad de la kale y remuévala hasta que se ablande. Añada el resto de la kale, la leche de coco, el pimiento rojo y la nuez moscada. Remueva bien, baje el fuego a medio y cocine 15 minutos, removiendo de vez en cuando, hasta que la leche de coco se espese y reduzca. Salpimiente al gusto y sirva.

CALORÍAS (POR RACIÓN)	168
PROTEÍNAS	2,5 g
GRASA TOTAL	15,0 g
GRASAS SATURADAS	10,5 g
HIDRATOS DE CARBONO	8,1 g
FIBRA DIETÉTICA	0,8 g
AZÚCARES	1,7 g
VITAMINAS	A, C, K

AMARANTO CON CÚRCUMA, ARÁNDANOS Y ALMENDRAS

4 raciones
sin gluten

Estas sabrosas gachas recuerdan a la polenta. La maravillosa textura del amaranto, junto con sus asombrosas propiedades nutricionales —está repleto de hierro y proteínas—, le hacen merecedor de un lugar en la mesa.

Prep.: 10 min | Cocción: 30 min

190 g de amaranto
625 ml de caldo vegetal
1 cucharadita de cúrcuma
15 g de levadura nutricional (opcional)
40 g de arándanos rojos deshidratados sin edulcorar
85 g de almendras, troceadas

1 Ponga el amaranto y el caldo en un cazo pequeño y llévelo a ebullición a fuego medio. Tape el cazo, baje el fuego y cocínelo 20 minutos, removiéndolo de vez en cuando, hasta que se absorba el caldo. Si pasados 20 minutos no ha quedado absorbido, cocínelo 10 minutos más, sin tapa, mientras va removiéndolo a menudo.

2 Incorpore la cúrcuma y la levadura nutricional, si la utiliza, durante los últimos 5 minutos de cocción. Aún caliente, agregue los arándanos y las almendras, excepto una cucharada, y remuévalo. Eche por encima el resto de las almendras y sírvalo.

VARIANTE: En vez de cúrcuma y arándanos, utilice ½ cucharadita de tomillo picado y un puñadito de funghi porcini secos rehidratados.

CALORÍAS (POR RACIÓN)	358
PROTEÍNAS	14,2 g
GRASA TOTAL	14,4 g
GRASAS SATURADAS	2,0 g
HIDRATOS DE CARBONO	46,1 g
FIBRA DIETÉTICA	12,7 g
AZÚCARES	3,8 g
VITAMINAS	B_6

BONIATOS REBOZADOS DE COCO

4 raciones
sin gluten

El boniato y el coco forman este capricho crujiente que completa cualquier hamburguesa. Pruebe esta receta con las Hamburguesas de alubias negras y cáñamo (p. 109) cuando quiera complacer a todo el mundo.

Prep.: 15 min | Cocción: 30 min

50 g de coco deshidratado sin edulcorar

40 g de polenta

1 cucharadita de ajo en polvo

½ cucharadita de canela

½ cucharadita de pimentón

125 ml de leche vegetal (al gusto)

2 boniatos grandes, pelados y cortados a modo de patatas para freír

aceite en aerosol para cocinar

sal marina, para espolvorear

Véase imagen, p. 111

1 Precaliente el horno a 190 °C. Forre dos bandejas para el horno con papel vegetal.

2 Mezcle el coco, la polenta y las especias en una bolsa de cierre hermético. Vierta la leche en un cuenco poco hondo.

3 En puñados, sumerja los boniatos cortados en la leche, déjelos escurrir un poco y métalos en la bolsa. Sacuda la bolsa para impregnar los boniatos. Disponga los boniatos rebozados en la bandeja para el horno y repita la operación con el resto de los boniatos. Rocíelos con el aceite en aerosol.

4 Coloque las bandejas en el horno y ase los boniatos de 25 a 30 minutos, dándoles la vuelta a mitad del proceso. Vigílelos bien hacia el final de la cocción para que no se quemen. Retírelos del horno y sálelos aún calientes.

CALORÍAS (POR RACIÓN)	187
PROTEÍNAS	2,9 g
GRASA TOTAL	9,0 g
GRASAS SATURADAS	7,2 g
HIDRATOS DE CARBONO	25,3 g
FIBRA DIETÉTICA	4,9 g
AZÚCARES	4,8 g
VITAMINAS	A

92 GUARNICIONES Y TENTEMPIÉS

PILAF CON PISTACHOS Y BRÓCOLI

4 raciones
con opción
sin gluten

Este simple acompañamiento, con el verde vivo del brócoli, la textura de la pasta orzo tostada y el crujiente pistacho, le aportará la cantidad necesaria de calcio y folatos. Puede utilizar pasta orzo sin gluten o sustituirla por arroz de grano largo.

Prep.: 10 min | Cocción: 25 min

1 cucharada de aceite de oliva virgen extra
½ cebolla roja, picada fina
150 g de pasta orzo
500 ml de caldo vegetal
zumo y raspadura de 1 limón
180 g de cabezuelas de brócoli
65 g de pistachos tostados

Véase imagen, p. 94, derecha

1 Caliente el aceite en una cazuela mediana a fuego medio-alto, añada la cebolla y sofríala 4 o 5 minutos, hasta que se ablande. Agregue el orzo y sofríalo otros 2 minutos, removiéndolo bien para dorar la pasta.

2 Poco a poco, incorpore el caldo, el zumo y la raspadura de limón, y lleve todo a ebullición. Tape la cazuela, baje el fuego y cocine 15 minutos, hasta que se absorba casi todo el líquido.

3 Añada el brócoli, remueva todo, tape la cazuela y cocine otros 2 minutos, para que el brócoli se cueza un poco al vapor pero mantenga su textura crujiente. Páselo todo a una ensaladera y agregue los pistachos.

VARIANTE: Convierta este acompañamiento en una gloriosa ensalada mezclándolo con rúcula y hojas de lechuga, y un poco más de zumo de limón y aceite de oliva virgen extra.

CALORÍAS (POR RACIÓN)	133
PROTEÍNAS	2,2 g
GRASA TOTAL	6,1 g
GRASAS SATURADAS	2,3 g
HIDRATOS DE CARBONO	18,6 g
FIBRA DIETÉTICA	2,6 g
AZÚCARES	6,4 g
VITAMINAS	A, B_6, C

BONIATOS CON NUECES Y GRANADA

Estos boniatos no quedan exactamente caramelizados, pero sí asombrosamente dulces gracias a los azúcares naturales del zumo de naranja. Se trata de un plato bonito, nutritivo y delicioso, el complemento ideal de una mesa festiva.

Prep.: 15 min | Cocción: 35 min

1 cucharada de aceite
de coco derretido

125 ml de zumo de naranja
recién exprimido

½ cucharadita de canela

3 boniatos medianos con piel,
frotados con un cepillo y cortados
en rodajas de 1,25 cm

2 cucharaditas de raspadura
de naranja

75 g de arilos de granada
(véase consejo, p. 40)

35 g de nueces tostadas

sal marina, al gusto

Véase imagen, p. ant., izquierda

1 Precaliente el horno a 200 °C. Forre dos bandejas para el horno con papel vegetal.

2 En un cuenco grande, mezcle el aceite, el zumo y la canela; luego añada los boniatos y remuévalo todo.

3 Disponga los boniatos sobre el papel vegetal, reservando la mezcla de zumo de naranja. Espolvoree las rodajas de boniato con la raspadura y una pizca de sal, y hornéelas durante 35 minutos, dándoles la vuelta, hasta que se doren y queden tiernas.

4 Retírelas del horno, páselas a una bandeja de servir, y termine la preparación con el resto de la mezcla de zumo de naranja, arilos de granada y nueces.

CALORÍAS (POR RACIÓN)	291
PROTEÍNAS	9,5 g
GRASA TOTAL	11,8 g
GRASAS SATURADAS	1,4 g
HIDRATOS DE CARBONO	38,1 g
FIBRA DIETÉTICA	5,0 g
AZÚCARES	5,7 g
VITAMINAS	C

JUDÍAS VERDES CON «PAN RALLADO» DE CÁÑAMO Y ALMENDRAS

6-8 raciones
sin gluten

Estas judías son un homenaje a mi abuelo Chaim, que a menudo las preparaba el domingo con «pan rallado». Aquí, el pan rallado tradicional se sustituye por almendras y semillas de cáñamo picadas, lo cual proporciona una capa crujiente de ingredientes sin gluten y ricos en proteínas.

Prep.: 10 min | Cocción: 15 min

450 g de judías verdes, con los extremos cortados

85 g de almendras

3 cucharadas de aceite de coco o aceite de oliva virgen extra

3 dientes de ajo, picados

75 g de semillas de cáñamo peladas

sal y pimienta negra recién molida, al gusto

Véase imagen, p. sig., derecha, delante

1 Lleve a ebullición una olla grande con agua y sal y cueza en ella las judías 4 o 5 minutos, hasta que queden hechas pero un poco crujientes. Escúrralas y páselas bajo un chorro de agua fría. Déjelas escurriendo en un colador.

2 Triture las almendras en un robot de cocina hasta que presenten una textura similar al pan rallado.

3 Caliente el aceite en una sartén grande a fuego medio y añada el ajo, seguido de la harina de almendras y las semillas de cáñamo, y tuéstelo de 2 a 3 minutos, hasta que se empiece a dorar ligeramente. Entonces añada las judías y cocine todo un minuto más. Salpiméntelas al gusto y sírvalas. Si las prepara con antelación, apague el fuego con las migas antes de añadir las judías, y luego simplemente recaliéntelas y agregue las judías antes de servirlas.

CONSEJO: Si no tiene un robot de cocina, utilice un molinillo de especias o emplee unos 50 g de harina de almendra que haya comprado en la tienda.

CALORÍAS (POR RACIÓN)	177
PROTEÍNAS	6,3 g
GRASA TOTAL	14,6 g
GRASAS SATURADAS	5,3 g
HIDRATOS DE CARBONO	7,2 g
FIBRA DIETÉTICA	3,8 g
AZÚCARES	1,2 g
VITAMINAS	C

PATATAS Y BONIATOS DE COLORES CON MANZANA AL HORNO

4-6 raciones
sin gluten

Esta receta, ligeramente dulce y muy colorida, es perfecta para acompañar una comida otoñal. Es una versión de las típicas patatas asadas de guarnición.

Prep.: 15 min | Cocción: 45 min

2 boniatos medianos

2 manzanas firmes (tipo Fuji)

300 g de patatas pequeñas (moradas o de colores, si es posible)

3 cucharadas de aceite de coco derretido

raspadura de 1 limón, más 1 cucharada de zumo de limón

1 cucharada de tomillo picado

2 cucharadas de eneldo picado

2 cucharadas de cebollino picado

sal marina y pimienta negra recién molida, al gusto

Véase imagen, p. 97, detrás

1 Precaliente el horno a 200 °C. Pele los boniatos y las manzanas, y córtelos en trozos de 5 cm. Parta las patatas pequeñas por la mitad.

2 En un cuenco grande, mezcle los boniatos, las manzanas y las patatas con el aceite de coco y la raspadura y el zumo de limón. Dispóngalos sobre una bandeja para el horno, salpiméntelos y espolvoree tomillo por encima. Hornéelos durante 45 minutos, removiéndolos cada 15 minutos, hasta que todo quede cocinado y dorado.

3 Retírelos del horno, páselos a una fuente de servir, agregue el eneldo y el cebollino, mezcle todo y sirva el plato.

CALORÍAS (POR RACIÓN)	170
PROTEÍNAS	2,1 g
GRASA TOTAL	7,1 g
GRASAS SATURADAS	5,9 g
HIDRATOS DE CARBONO	26,6 g
FIBRA DIETÉTICA	4,1 g
AZÚCARES	8,6 g
VITAMINAS	A, B_6, C

CHAMPIÑONES RELLENOS DE PESTO DE SEMILLAS DE CALABAZA

4-6 raciones
sin gluten

¿A quién no le gustan los champiñones rellenos? Especialmente rellenos de pesto de semillas de calabaza, que es rico en cinc y refuerza el sistema inmunitario.

Prep.: 15 min | Cocción: 10 min

18-20 champiñones
un poco de aceite, para untar
1 cucharada de levadura nutricional

PARA EL PESTO

60 g de espinacas «baby»
25 g de albahaca
140 g de semillas de calabaza
60 ml de aceite de oliva virgen extra
2 dientes de ajo
zumo de ½ limón
1 cucharadita de sal marina
pimienta negra recién molida, al gusto

Véase imagen, p. 97, delante, izquierda

1 Precaliente el gratinador del horno a media potencia. Limpie los champiñones con cuidado y arranque los tallos. Pinte los sombrerillos con aceite y dispóngalos con la parte del tallo hacia arriba sobre una bandeja para el horno. Colóquelos bajo el gratinador de 4 a 5 minutos, hasta que se doren un poco y suelten su jugo. Deles la vuelta y hornéelos 2 minutos más. Retírelos del horno.

2 Para el pesto, mezcle los ingredientes y tritúrelos en un robot de cocina hasta obtener una pasta suave; desprenda los restos que quedan en las paredes y vuelva a triturarlos.

3 Rellene cada champiñón con 1 o 2 cucharaditas de pesto, según el tamaño, hasta formar un montoncito. El pesto que sobre puede conservarlo tapado en el frigorífico hasta una semana, o puede congelarlo. Espolvoree levadura nutricional por encima y colóquelos bajo el gratinador otros 2 o 3 minutos, hasta que burbujeen. Sírvalos muy calientes.

CONSEJO: Aumente los omegas elaborando el pesto con aceite de lino o de cáñamo en vez de aceite de oliva.

CALORÍAS (POR RACIÓN)	226
PROTEÍNAS	7,6 g
GRASA TOTAL	20,5 g
GRASAS SATURADAS	3,4 g
HIDRATOS DE CARBONO	6,6 g
FIBRA DIETÉTICA	1,7 g
AZÚCARES	0,7 g
VITAMINAS	B_6

TORTITAS DE COLES DE BRUSELAS CON CREMA AGRIA DE TOFU

4-6 raciones con opción sin gluten

Esta es una de las recetas con coles de Bruselas que promete convertir en auténticos fans a los escépticos. ¡Estas crujientes tortitas atesoran grandes propiedades fitoquímicas! Puede utilizar harina sin gluten en vez de harina normal.

Prep.: 15 min | Cocción: 15 min

180 g de coles de Bruselas, en juliana

½ cebolla, en finas láminas

1 patata mediana, rallada

2 huevos de chía (p. 17)

30 g de harina blanca

una pizca de pimentón

sal marina y pimienta negra recién molida, al gusto

un poco de aceite, para freír

cebollino troceado, para servir

PARA LA CREMA AGRIA DE TOFU

350 g de tofu blando

2 cucharadas de vinagre umeboshi

1 cucharada de aceite de oliva virgen extra

1 cucharada de agua

½ cucharadita de eneldo fresco o ¼ de cucharadita de eneldo seco

¼ de cucharadita de sal marina

Véase imagen, p. ant., derecha

CALORÍAS (POR RACIÓN)	129
PROTEÍNAS	7,5 g
GRASA TOTAL	5,9 g
GRASAS SATURADAS	1,0 g
HIDRATOS DE CARBONO	14,3 g
FIBRA DIETÉTICA	3,4 g
AZÚCARES	1,6 g
VITAMINAS	C

1 En un cuenco mediano, mezcle las coles, la cebolla y la patata. Añada los huevos de chía y combínelo todo bien.

2 En un cuenco pequeño, mezcle la harina, el pimentón y un poco de sal marina y pimienta. Espolvoree esta mezcla por encima de la combinación de hortalizas y remuévala para obtener una pasta espesa.

3 Caliente un poco de aceite en una sartén a fuego alto. Eche una cucharada de 60 ml de masa al aceite, aplanándola con el dorso de una espátula. Repita la operación con otras tres cucharadas más para llenar la sartén. Fría las tortitas 2 o 3 minutos, hasta que se doren, luego deles la vuelta y cocínelas 2 o 3 minutos más hasta que se dore el otro lado. Vaya sacándolas y reservándolas en un plato con un papel de cocina, y repita la operación con el resto de la masa. Si no va a tomarlas enseguida, manténgalas calientes en el horno a 120 ºC.

4 Para la crema agria de tofu, triture todos los ingredientes en una batidora o un robot de cocina hasta obtener una crema suave. Tenga en cuenta que las sobras de crema pueden conservarse en el frigorífico, en un recipiente hermético, hasta cinco días.

5 Para servirlas, adorne cada tortita con una cucharada de crema agria y unos trocitos de cebollino.

COLES DE BRUSELAS CRUJIENTES
A LAS FINAS HIERBAS

4 raciones
sin gluten

Esta es una de aquellas recetas que casi me da vergüenza incluir en el libro porque es todo un clásico, pero tengo que hacerlo para los que todavía no hayan descubierto la magia de las coles de Bruselas asadas.

Prep.: 10 min | Cocción: 30 min

450 g de coles de Bruselas

1 cucharada de aceite de coco derretido

sal marina y pimienta negra recién molida, al gusto

2 cucharadas de eneldo, perejil o albahaca picados

Véase imagen, p. 100, izquierda

1 Precaliente el horno a 190 °C. Forre una bandeja del horno con papel vegetal.

2 Pode las hojas exteriores las coles de Bruselas y pártalas por la mitad. Si algunas son mucho mayores que el resto, puede cortarlas en cuartos para que se asen todas por igual.

3 En un bol grande, mezcle las coles con el aceite y salpiméntelas. Páselas a la bandeja del horno y hornéelas de 25 a 30 minutos, dándoles la vuelta a media cocción, hasta que se doren y los bordes empiecen a estar crujientes. Sáquelas del horno y mézclelas con las hierbas frescas y una pizca final de sal marina.

CALORÍAS (POR RACIÓN)	78
PROTEÍNAS	3,8 g
GRASA TOTAL	3,8 g
GRASAS SATURADAS	3,1 g
HIDRATOS DE CARBONO	10,2 g
FIBRA DIETÉTICA	4,2 g
AZÚCARES	2,4 g
VITAMINAS	A, C

ARROZ AL COCO CON TORONJIL

4-6 raciones
sin gluten

- -

Esta receta de arroz ofrece el agradable sabor del coco y el aroma del toronjil, y es un acompañamiento estupendo. Es ideal para cuando se tienen muchos invitados; si la prepara para dos, puede utilizar la mitad de cada ingrediente.

Prep.: 5 min | Cocción: 30 min

500 ml de agua

250 ml de leche de coco

360 g de arroz basmati o jazmín

2 tallos de toronjil

40 g de coco deshidratado sin edulcorar, más 1 cucharada para decorar

1 cucharadita de sal marina

½ cucharadita de copos de guindilla seca (opcional)

Véase imagen, p. 140, detrás

1 Ponga el agua, la leche de coco y el arroz en una olla grande y llévela a ebullición. Mientras hierve, trocee el toronjil en bastoncitos de 10 cm y hágales cortes con un cuchillo.

2 Añada 40 g del coco deshidratado, el toronjil y la sal a la olla; tápela, baje el fuego y cocine todo 25 minutos hasta que el agua se absorba y el arroz esté en su punto.

3 Agregue al arroz hervido el resto del coco y los copos de guindilla, si los utiliza, y sírvalo.

CALORÍAS (POR RACIÓN)	354
PROTEÍNAS	5,6 g
GRASA TOTAL	15,6 g
GRASAS SATURADAS	13,2 g
HIDRATOS DE CARBONO	49,8 g
FIBRA DIETÉTICA	3,5 g
AZÚCARES	2,0 g
VITAMINAS	C

PLATOS PRINCIPALES

BIBIMBAP DE TEMPEH Y CRUCÍFERAS

2-3 raciones
sin gluten

La col, el brócoli, el daikon y las coles de Bruselas completan esta receta de arroz inspirada en el bibimbap coreano. Ricos en vitaminas A, C y K, antioxidantes y propiedades antiinflamatorias, son un festín de superalimentos.

Prep.: 15 min | Cocción: 30 min

110 g de tempeh

2 cucharadas de aceite de coco

10 coles de Bruselas, por la mitad

90 g de cabezuelas de brócoli

570 g de arroz integral de grano corto, cocido

1 zanahoria, en juliana

150 g de daikon, en juliana

40 g de col blanca, en tiras finas

40 g de col lombarda, en tiras finas

2 cucharaditas de semillas de sésamo tostadas

1 cebolleta, en rodajitas finas

1 cucharada de salsa de chile picante

sal marina, al gusto

PARA LA SALSA

2 cucharadas de aceite de sésamo tostado

2 cucharadas de vinagre de arroz

1 cucharada de azúcar moreno

½ cucharada de jengibre fresco, picado

Véase imagen, p. sig., delante

1 Cocine el tempeh al vapor durante 15 minutos. Córtelo en trozos de 0,3 cm y resérvelo.

2 Caliente 1 cucharada de aceite de coco en una sartén y añada el tempeh. Sálelo y cocínelo 5 minutos por cada lado, hasta que se dore. Resérvelo en un plato.

3 Añada ½ cucharada de aceite de coco a la sartén, seguida de las coles de Bruselas, y cocine 5 minutos por cada lado, hasta que se doren. Resérvelas en un bol.

4 Caliente el resto del aceite en la sartén y añada el brócoli para cocinarlo unos 6 minutos, removiéndolo a menudo, hasta que quede tierno pero aún algo crujiente. Añádalo al bol de las coles de Bruselas.

5 Para elaborar la salsa, mezcle todos los ingredientes en un cuenco.

6 Para servirlo, divida el arroz en boles individuales. Después disponga en ellos primero el tempeh, las coles de Bruselas, el brócoli, la zanahoria, el daikon y las coles blanca y roja, y luego agregue la salsa y espolvoree las semillas de sésamo, la cebolleta y un poco de salsa picante por encima.

CALORÍAS (POR RACIÓN)	483
PROTEÍNAS	15,8 g
GRASA TOTAL	24,6 g
GRASAS SATURADAS	10,2 g
HIDRATOS DE CARBONO	55,9 g
FIBRA DIETÉTICA	7,8 g
AZÚCARES	9,1 g
VITAMINAS	C

ARROZ SALVAJE CON KALE

2 raciones
sin gluten

Las recetas de comidas completas en un bol llenan, gustan, y contienen cereales y verduras nutritivos. Este bol está repleto de vitaminas gracias a la kale, las bayas de Goji, y las semillas de calabaza y girasol, y lo acompaña una deliciosa salsa cremosa.

Prep.: 15 min | Cocción: 45 min

180 g de arroz salvaje

400 g de judías azuki en lata, lavadas y escurridas

4 hojas de kale

1 cucharadita de aceite de oliva virgen extra

una pizca de sal marina

1 tomate, troceado

125 ml de Aliño de té matcha (p. 50)

35 g semillas de girasol

35 g de semillas de calabaza

2 cucharadas de bayas de Goji

Véase imagen, p. 107, detrás

1 Prepare el arroz según las instrucciones del paquete. Ahuéquelo con un tenedor y déjelo enfriar sin taparlo de 5 a 10 minutos. Luego incorpore las judías azuki.

2 Lave y seque las hojas de kale. Retire los tallos duros (p. 17) y corte finamente las hojas en tiritas. En un cuenco grande, masajee la kale con el aceite de oliva y la sal.

3 Divida la mezcla de arroz y alubias, la kale y el tomate en dos boles individuales junto con la mitad del aliño, y mézclelo todo. Espolvoree las semillas, las bayas y el resto del aliño por encima, y sírvalo.

CALORÍAS (POR RACIÓN)	799
PROTEÍNAS	35,2 g
GRASA TOTAL	19,0 g
GRASAS SATURADAS	2,9 g
HIDRATOS DE CARBONO	133,3 g
FIBRA DIETÉTICA	23,6 g
AZÚCARES	10,9 g
VITAMINAS	A, C

HAMBURGUESAS DE ALUBIAS NEGRAS Y CÁÑAMO

4 raciones
sin gluten

Las hamburguesas de semillas de cáñamo peladas y alubias negras tienen un sabor parecido al de los frutos secos, y son perfectas para completar una ensalada, envolverlas en hojas de berza o servirlas dentro de un panecillo.

Prep.: 20 min (más 6 h de refrigeración) | Cocción: 20 min

425 g de alubias negras en conserva, lavadas y escurridas

1 zanahoria grande, rallada

4 cebolletas, en rodajas

75 g de semillas de cáñamo peladas

190 g de arroz integral cocido

1 cucharada de aminos líquidos o salsa tamari sin gluten

2 cucharaditas de vinagre de sidra

½ cucharadita de pimentón dulce ahumado

½ cucharadita de sal marina

¼ de cucharadita de pimienta negra recién molida

1 cucharada de aceite de coco

Véase imagen, p. 111, detrás

1 Introduzca en un robot de cocina las alubias, la zanahoria, las cebolletas, las semillas de cáñamo, el arroz, los aminos, el vinagre, el pimentón, la sal y la pimienta y tritúrelos juntos. Hágalo solo hasta el punto en que algunos granos de arroz y algunas alubias se desmenucen, pero otros sigan enteros. Refrigere la mezcla durante al menos 30 minutos, o hasta 6 horas.

2 Forme cuatro hamburguesas con la pasta (u ocho, si prefiere que salgan más pequeñas y más crujientes). Caliente el aceite en una sartén a fuego medio-alto. Fría las hamburguesas durante 4 o 5 minutos por lado, hasta que queden doradas y calientes por dentro.

CALORÍAS (POR RACIÓN)	335
PROTEÍNAS	17,0 g
GRASA TOTAL	13,2 g
GRASAS SATURADAS	3,5 g
HIDRATOS DE CARBONO	43,2 g
FIBRA DIETÉTICA	10,9 g
AZÚCARES	2,4 g
VITAMINAS	A

HAMBURGUESAS DE QUINOA, TOMATE SECO Y COCO

El coco y los tomates deshidratados combinan sorprendentemente bien y, junto con la quinoa, una supersemilla, estas hamburguesas son de primer nivel. Puede utilizar panecillos sin gluten.

Prep.: 25 min | Cocción: 30 min

85 g de quinoa (o 190 g de quinoa cocida)

375 ml de agua

8-10 tomates deshidratados (secos, sin aceite)

25 g de coco deshidratado sin edulcorar

1 diente de ajo, picado

2 cucharadas de puré de calabaza (p. 17) o calabaza en conserva

1 cucharada de aceite de coco derretido, y un poco más para cocinar

2 cucharaditas de semillas de hinojo

4 panecillos para hamburguesa

sal marina y pimienta negra recién molida, al gusto

hojas de ensalada, brotes, aguacate, para servir

Véase imagen, p. sig., delante

1 Lave la quinoa en un colador de malla fina. En un cazo pequeño, lleve a ebullición la quinoa y el agua a fuego medio. Baje el fuego, tápelo y cocínelo 15 minutos, o hasta que el líquido se absorba. Retire el cazo del fuego y déjelo reposar, tapado, 5 minutos más. Esponje la quinoa con un tenedor y resérvela.

2 Rehidrate los tomates en un cuenco con agua caliente durante 10 minutos. Escurra y reserve el líquido del remojo.

3 En un robot de cocina, mezcle la quinoa, los tomates, el coco, el ajo, el puré de calabaza, 1 cucharada de aceite de coco y las semillas de hinojo hasta obtener una pasta con la consistencia adecuada para que las hamburguesas no se deshagan. Añada unas gotas del agua de remojo del tomate si es necesario para que los ingredientes se liguen. Salpimiente la pasta al gusto.

4 Divida la pasta y forme cuatro hamburguesas. Caliente un poco de aceite de coco en una sartén a fuego medio-alto y fría cada hamburguesa 5 minutos por lado, hasta que queden crujientes por fuera y calientes por dentro. Son algo delicadas, por lo que hay que darles la vuelta con cuidado para que no se rompan. Sírvalas en panecillos con hojas tiernas de ensalada o brotes y unas láminas de aguacate.

VARIANTE: Para prepararlas sin aceite, puede asar las hamburguesas en el horno a 180 °C durante 20 minutos.

CALORÍAS (POR RACIÓN)	293
PROTEÍNAS	8,6 g
GRASA TOTAL	10,0 g
GRASAS SATURADAS	6,0 g
HIDRATOS DE CARBONO	44,7 g
FIBRA DIETÉTICA	4,6 g
AZÚCARES	8,7 g
VITAMINAS	A

PASTA CON «QUESO» DE BONIATO

6 raciones
con opción
sin gluten

El boniato, un superalimento que favorece el buen funcionamiento del tiroides, toma protagonismo en esta receta de pasta con cremoso queso falso. Utilice quinoa o pasta de arroz integral para un plato sin gluten.

Prep.: 15 min | Cocción: 30 min

340 g de pasta de trigo integral (codos, tiburones, pajaritas, macarrones, etc.)

260 g de boniato, troceado

100 g de coliflor, troceada

1 chalota

1 diente de ajo

375 ml de leche vegetal sin edulcorar (al gusto)

½ cucharada de mostaza Dijon

2 cucharadas de pasta de miso

15 g de levadura nutricional

1 ½ cucharaditas de sal marina

1 cucharadita de zumo de limón

¼ de cucharadita de copos de guindilla seca

PARA EL «PARMESANO» DE CÁÑAMO

15 g de levadura nutricional

75 g de semillas de cáñamo peladas

1 cucharadita de sal marina

¼ de cucharadita de ajo en polvo (opcional)

1 Precaliente el horno a 190 °C.

2 En una olla, cocine la pasta al dente, 1 o 2 minutos menos de lo que indique el paquete. Escúrrala y resérvela.

3 Cueza al vapor el boniato, la coliflor, la chalota y el ajo de 8 a 10 minutos o hasta que el boniato quede muy tierno. Triture con el resto de los ingredientes hasta que quede una crema suave. Pruebe el resultado y rectifique la sal y la pimienta.

4 Para preparar el «parmesano» de cáñamo, triture los ingredientes en un robot de cocina.

5 Disponga la pasta en una fuente para el horno de 23 × 33 cm con un poco de aceite, cúbrala con la salsa y remueva bien para que la pasta se impregne de la salsa. Espolvoree por encima una cuarta parte del parmesano de cáñamo, tape con papel de aluminio y hornee 20 minutos, hasta que la pasta quede tierna y caliente. Retire el papel de aluminio y hornee la pasta 5 minutos más para que se dore la parte superior. Sirva el plato con más parmesano falso si lo desea. El resto del falso parmesano puede conservarlo al menos dos semanas en un recipiente bien cerrado en el frigorífico.

CALORÍAS (POR RACIÓN)	344
PROTEÍNAS	15,4 g
GRASA TOTAL	9,4 g
GRASAS SATURADAS	0,7 g
HIDRATOS DE CARBONO	51,7 g
FIBRA DIETÉTICA	9,9 g
AZÚCARES	6,3 g
VITAMINAS	A, B_6

ÑOQUIS CON PURÉ DE AJO Y KALE

2-4 raciones

El ajo asado aporta riqueza a este plato con su suave cremosidad y sus beneficios antibacterianos. Los ñoquis que se venden ya preparados son bastante buenos, y si también dispone de ajo asado (véase consejo), este asombroso plato de superpasta es una cena fácil de preparar entre semana.

Prep.: 10 min | Cocción: 60 min

1 cabeza de ajos

60 ml de aceite de oliva

280 g de hojas de kale, sin tallos leñosos (p. 17)

2 cucharadas de zumo de limón

450 g de ñoquis

150 g de tomates cherry rojos y amarillos

sal marina y pimienta negra recién molida, al gusto

Véase imagen, p. sig., delante

1 Precaliente el horno a 200 °C. Corte la parte superior de la cabeza de ajos, dejando los dientes al descubierto. Coloque la cabeza sobre un trozo de papel de aluminio y rocíela con ½ cucharada de aceite de oliva. Envuélvala en el papel de aluminio y póngala en una bandeja para el horno. Hornéela durante 45 minutos o hasta que los dientes de ajo queden tiernos y puedan atravesarse con facilidad con un cuchillo. Déjelo enfriar para manipularlo bien.

2 Introduzca en un robot de cocina las hojas de kale, el resto del aceite y el zumo de limón. Desde la base de la cabeza de ajos, apriete con cuidado para echar también los ajos al vaso de la batidora. Tritúrelo todo hasta obtener una crema, y rasque de las paredes del vaso de la batidora lo que haya quedado allí. Salpimiéntelo al gusto.

3 En una olla, cueza los ñoquis siguiendo las instrucciones del envase, luego escúrralos y reserve 250 ml del agua de la cocción. Devuelva los ñoquis a la olla y añada el puré de kale, junto con la cantidad necesaria del agua reservada para dar a la salsa la textura deseada. Cocínelos a fuego medio justo lo suficiente para calentar la salsa. Incorpore los tomates y sirva los ñoquis.

CONSEJO: El ajo asado es tan cremoso y delicioso que puede untarse directamente sobre tostaditas. Cuando ase ajos, vale la pena hacerlo con unas cuantas cabezas a la vez a fin de tenerlas listas para usarlas en cualquier momento. Se conservarán en un recipiente hermético en el frigorífico durante una semana.

CALORÍAS (POR RACIÓN)	353
PROTEÍNAS	10,4 g
GRASA TOTAL	14,8 g
GRASAS SATURADAS	2,1 g
HIDRATOS DE CARBONO	46,9 g
FIBRA DIETÉTICA	1,5 g
AZÚCARES	1,1 g
VITAMINAS	A, C

RISOTTO CON CALABAZA A LA ITALIANA

4-6 raciones
sin gluten

Un risotto cremoso es un plato excelente en cualquier cena y resulta una receta perfecta para impresionar a sus invitados. La calabaza aporta al arroz un precioso tono anaranjado.

Prep.: 5 min | Cocción: 40 min

1,25 litros de caldo vegetal
2 cucharadas de aceite de coco
1 cebolla, picada
2 dientes de ajo, picados
360 g de arroz arborio
190 ml de vino blanco
330 g de puré de calabaza (p. 17) o calabaza en conserva
sal marina y pimienta negra recién molida, al gusto
una pizca de nuez moscada

Véase imagen, p. 115, detrás

1 En una olla pequeña, caliente el caldo a fuego lento: tiene que estar caliente al añadirlo al arroz.

2 Caliente el aceite en un cazo grande a fuego medio. Añada la cebolla y sofríala 5 minutos, luego agregue los dientes de ajo y remuévalo sin parar durante 1 minuto. A continuación, incorpore el arroz seco y remuévalo para que se impregne del aceite. Cocínelo 2 minutos más.

3 Añada el vino al arroz y remuévalo hasta que lo absorba. Agregue 250 ml del caldo y vaya removiéndolo mientras el arroz se cocina y también absorbe este líquido. Repita la operación agregando 250 ml más de caldo, y vaya incorporando la misma cantidad de nuevo a medida que se va cociendo. Esto requiere unos 20 minutos de cocción sin dejar de remover el arroz. Cuando la cuarta adición de caldo se haya absorbido, pruebe el risotto para comprobar que el arroz esté ya listo; si no lo está, añada el resto del caldo.

4 Cuando el arroz esté bien hecho, incorpore el puré de calabaza, suba el fuego y cocínelo 2 o 3 minutos. Salpimiente el risotto, añada nuez moscada, y sírvalo.

CALORÍAS (POR RACIÓN)	255
PROTEÍNAS	3,9 g
GRASA TOTAL	4,7 g
GRASAS SATURADAS	4,0 g
HIDRATOS DE CARBONO	44,9 g
FIBRA DIETÉTICA	2,9 g
AZÚCARES	4,5 g
VITAMINAS	A

MACARRONES CON LENTEJAS, ACEITUNAS Y KALE

4 raciones
con opción
sin gluten

Saciantes lentejas, sabrosas aceitunas, brillante kale y cebollas caramelizadas: ¿cómo no le va a gustar este plato? Con solo un puñado de ingredientes, esta es una receta abundante y buena para el corazón, fácil de preparar. Se puede utilizar pasta sin gluten.

Prep.: 5 min | Cocción: 40 min

100 g de lentejas tipo francés
o du Puy, lavadas

375 ml de agua

3 cucharadas de aceite de oliva
virgen extra

1 cebolla, partida por la mitad
y en rodajas finas

225 g de macarrones
de trigo integral

225 g de hojas de kale

10 aceitunas verdes, sin hueso
y troceadas

una pizca de copos de guindilla

sal marina y pimienta negra
recién molida, al gusto

Véase imagen, p. 119, detrás

1 En un cazo grande, lleve las lentejas y el agua a ebullición a fuego medio. Baje el fuego y cuézalas de 30 a 35 minutos, hasta que queden tiernas. Escúrralas y resérvelas hasta que la pasta esté lista.

2 Caliente 1 cucharada de aceite en una sartén grande y añada la cebolla. Sofríala a fuego medio 15 minutos, removiéndola cada pocos minutos, hasta que empiece a caramelizarse.

3 Cocine la pasta según las instrucciones del envase, hasta unos 2 minutos antes de que esté al dente. Lave y seque las hojas de kale. Elimine los tallos leñosos (p. 17) y trocee finamente las hojas. Añada la kale al agua de cocción y cocínelo todo 2 minutos más. Escurra la pasta y la kale, y reserve 125 ml del agua de cocción.

4 Incorpore la pasta y la kale a la sartén con la cebolla, junto con las lentejas, las aceitunas, el resto del aceite de oliva y los copos de guindilla. Suba el fuego y sofría todo durante 30 segundos, añadiendo un poco del agua de cocción reservada si es necesario, para mantener la humedad. Salpimiéntelos al gusto y sírvalos.

CALORÍAS (POR RACIÓN)	410
PROTEÍNAS	14,5 g
GRASA TOTAL	13,6 g
GRASAS SATURADAS	1,8 g
HIDRATOS DE CARBONO	59,1 g
FIBRA DIETÉTICA	11,0 g
AZÚCARES	2,8 g
VITAMINAS	A, C

ESPAGUETIS CON ALBÓNDIGAS DE QUINOA

4-6 raciones
con opción
sin gluten

Un buen plato de espaguetis con albóndigas elaboradas con quinoa y verduras forman una sabrosa combinación. Puede utilizar espaguetis sin gluten.

Prep.: 20 min | Cocción: 20 min

2 cucharadas de aceite de oliva virgen extra

2 chalotas, picadas

60 ml de vino blanco

1 cucharadita de zumo de limón

800 g de tomate en lata, triturado

225 g de espaguetis crudos

perejil y albahaca picados, para servir

sal y pimienta negra recién molida

PARA LAS ALBÓNDIGAS

85 g de quinoa

250 ml de caldo vegetal

5 champiñones, troceados

1 ramita de apio, troceada

25 g de hojas de kale, sin tallos (p. 17), troceadas

1 cucharada de concentrado de tomate

2 cucharaditas de aminos líquidos o salsa tamari sin gluten

1 cucharadita de salsa Worcestershire vegana (opcional)

Véase imagen, p. sig., delante

CALORÍAS (POR RACIÓN)	276
PROTEÍNAS	8,4 g
GRASA TOTAL	6,1 g
GRASAS SATURADAS	0,9 g
HIDRATOS DE CARBONO	78,0 g
FIBRA DIETÉTICA	3,5 g
AZÚCARES	4,8 g
VITAMINAS	A, C

1 Para las albóndigas, lave la quinoa en un colador de malla fina. En un cazo pequeño, lleve la quinoa y el caldo a ebullición a fuego medio. Baje el fuego, tape el cazo y cocínelo 15 minutos, o hasta que el líquido se absorba. Retírelo del fuego y déjelo reposar, con tapa, 5 minutos más. Esponje la quinoa con un tenedor y resérvela.

2 Precaliente el horno a 190 °C. Forre una bandeja de horno con papel vegetal.

3 Introduzca en un robot de cocina la quinoa cocida con el resto de los ingredientes de las albóndigas y un poco de pimienta negra molida, y tritúrelos hasta que quede todo combinado pero conservando cierta textura (no debe quedar un puré). Forme bolas con una cucharada de esta pasta y vaya disponiéndolas en la bandeja para el horno. Cuando estén todas listas, rocíelas con un poco de aceite y hornéelas 15 minutos, hasta que se doren ligeramente y se cocinen por dentro.

4 Caliente el aceite en una cazuela a fuego medio-alto y sofría las chalotas 2 o 3 minutos, hasta que se ablanden. Añada el vino blanco, el zumo de limón y el tomate triturado y cocínelo todo, parcialmente tapado, de 15 a 20 minutos, removiéndolo de vez en cuando, hasta que la salsa espese un poco. Salpimiente al gusto.

5 Mientras la salsa se hace, lleve a ebullición una olla llena de agua. Cocine la pasta según las instrucciones del envase, al dente, entre 7 y 10 minutos. Escúrrala y vierta la salsa por encima junto con la mitad de albóndigas y mézclelo todo. Dispóngala en una fuente para servir, añada el resto de albóndigas y espolvoree las hierbas por encima.

PIZZA MEDITERRÁNEA DE AMARANTO

2-4 raciones
sin gluten

Esta base de pizza elaborada con amaranto presenta una textura crujiente y a la vez es consistente por dentro. Con las cremosas alubias, las sabrosas aceitunas y las alcachofas, es una opción mejor que cualquier comida a domicilio habitual.

Prep.: 15 min | Cocción: 30 min

190 g de amaranto, en remojo durante 8 horas

170 g de copos de quinoa

60 ml de agua

1 ½ cucharaditas de levadura en polvo

2 cucharadas de aceite de coco derretido

170 g de alubias blancas cocidas

2 dientes de ajo asados (p. 114)

1 cucharada de aceite de oliva virgen extra

½ cucharadita de romero

35 g de aceitunas negras, troceadas

85 g de corazones de alcachofa, troceados

85 g de microvegetales, rúcula o brotes

sal marina y pimienta negra recién molida, al gusto

Véase imagen, p. 104

1 Precaliente el horno a 230 °C.

2 Para elaborar la base, escurra el amaranto y lávelo con agua limpia, utilizando un colador de malla fina forrado con una tela de queso, para que no pase por los agujeros. Triture en un robot de cocina el amaranto con los copos de quinoa, el agua, la levadura y ½ cucharadita de sal hasta que quede casi cremoso.

3 Ponga en el horno una sartén apta para el horno y precaliéntela durante 5 minutos. Con sumo cuidado, retírela del horno y úntela con el aceite de coco; luego añada el puré de amaranto y repártalo casi hasta el borde con una espátula de silicona. Hornéelo de 12 a 15 minutos, hasta que los bordes se doren ligeramente y quede lo bastante firme como para sacar la base haciendo palanca con una espátula de metal. Dele la vuelta con cuidado y hornee la base 10 minutos más.

4 Mientras se cuece la base, mezcle las alubias, el ajo, el aceite de oliva y el romero, introdúzcalos en un robot de cocina y tritúrelos hasta que se forme una crema suave. Salpiméntela al gusto.

5 Extienda el puré de alubias sobre la base de pizza cocida y disponga encima las aceitunas y los corazones de alcachofas. Vuelva a meterla en el horno 5 minutos para que se calienten los complementos. Retire la pizza del horno, esparza los microvegetales por encima, córtela y sírvala.

CALORÍAS (POR RACIÓN)	470
PROTEÍNAS	16,3 g
GRASA TOTAL	15,3 g
GRASAS SATURADAS	7,7 g
HIDRATOS DE CARBONO	69,4 g
FIBRA DIETÉTICA	13,8 g
AZÚCARES	1,8 g
VITAMINAS	B_1, B_6, C

ZANAHORIAS CON QUINOA AL ENELDO

4 raciones
sin gluten

Me gusta disfrutar de este plato en verano, con zanahorias cultivadas por productores locales, repletas de betacaroteno, que resulta esencial para la salud de la piel, la vista y el sistema inmunitario. Me encanta la combinación del dulzor del zumo de naranja con el sabor de la quinoa al eneldo de esta bonita receta de temporada.

Prep.: 10 min | Cocción: 25 min

170 g de quinoa

500 ml de agua

2 manojos de zanahorias delgadas

1 cucharada de aceite de coco

raspadura de 1 naranja

250 ml de zumo de naranja

2 cucharadas de jengibre fresco picado

1 lechuga mantecosa (trocadero)

2 cucharadas de eneldo picado

1 cucharada de perejil picado

sal marina y pimienta negra recién molida, al gusto

Véase imagen, p. 123, detrás

1 Lave la quinoa en un colador de malla fina. En un cazo pequeño, lleve la quinoa, el agua y ½ cucharadita de sal marina a ebullición a fuego medio. Reduzca hasta fuego bajo, tápelo y cocínelo 15 minutos, o hasta que el líquido se absorba. Retírelo del fuego y déjelo reposar tapado 5 minutos más. Esponje la quinoa con un tenedor y resérvela.

2 Mientras, lleve a ebullición una olla de agua lo bastante grande para que quepan las zanahorias, y hiérvalas parcialmente de 5 a 6 minutos; luego escúrralas.

3 En otro cazo aparte, caliente el aceite a fuego medio-alto, luego añada la raspadura, el zumo de naranja y el jengibre, y hágalo hervir todo. Añada las zanahorias, baje el fuego y cocínelo hasta que el líquido se reduzca a la mitad, entre 3 y 4 minutos. Pruebe el resultado y salpimiéntelo.

4 Rasgue las hojas de la lechuga y mézclelas con la quinoa y el eneldo. Ponga encima las zanahorias, espolvoree perejil y sirva el plato.

CALORÍAS (POR RACIÓN)	313
PROTEÍNAS	8,6 g
GRASA TOTAL	6,4 g
GRASAS SATURADAS	3,3 g
HIDRATOS DE CARBONO	56,9 g
FIBRA DIETÉTICA	8,6 g
AZÚCARES	15,6 g
VITAMINAS	A, B_6, C

TOFU REBOZADO DE CÁÑAMO CON HOJAS DE BERZA

4 raciones
sin gluten

Este tofu me recuerda la mezcla para rebozado que se utilizaba antes, aunque esta se prepara con semillas de cáñamo peladas, levadura nutricional y hierbas. ¡Mi hijo la devora!

Prep.: 15 min | Cocción: 20 min

350 g de tofu firme o extrafirme

2 cucharadas de vinagre de sidra

2 cucharadas de aminos líquidos o salsa tamari sin gluten

2 cucharadas de aceite de coco

35 g de semillas de cáñamo peladas

2 cucharadas de polenta

2 cucharadas de levadura nutricional

½ cucharadita de albahaca seca

½ cucharadita de orégano seco

½ cucharadita de tomillo seco

1 manojo de hojas de berza

2 dientes de ajo, picados

una pizca de copos de guindilla seca

2 cucharadas de vino blanco o caldo vegetal

sal marina y pimienta negra recién molida

Véase imagen, p. sig., delante

1 Para preparar el tofu, envuélvalo en un paño de cocina limpio y presione con las manos para que expulse el exceso de agua o póngalo en un plato y coloque encima una cazuela de hierro colado o unos cuantos libros. A los 15 minutos, rebánelo en ocho lonchas, luego corte cada rectángulo en forma de triángulos y dispóngalos en un plato llano. Cubra con el vinagre y los aminos líquidos y deje marinar el tofu 10 minutos.

2 Caliente 1 cucharada de aceite de coco en una cazuela grande a fuego medio-alto. En un bol grande, mezcle las semillas de cáñamo, la polenta, la levadura nutricional, la albahaca, el orégano, el tomillo y una cucharadita de sal marina. Empane cada trozo de tofu con esta mezcla y colóquelo en la cazuela. Cocínelo de 5 a 6 minutos, luego dele la vuelta y déjelo 5 minutos más, hasta que ambos lados queden ligeramente dorados.

3 Mientras se hace el tofu, lave las hojas de berza y retire los tallos gruesos. Forme un montón con las hojas y córtelas en trozos del tamaño de un bocado. Caliente el resto del aceite de coco en otra cazuela a fuego medio y añada el ajo y los copos de guindilla; cocínelos 3 o 4 minutos, hasta que suelten su aroma pero no se doren. Incorpore las hojas de berza y el vino o el caldo y cocínelos de 8 a 10 minutos, hasta que las hojas se ablanden. Salpimiente las hojas al gusto y sírvalas con el tofu rebozado.

VARIANTE: Si no tiene hojas de berza, utilice kale.

CALORÍAS (POR RACIÓN)	217
PROTEÍNAS	13,8 g
GRASA TOTAL	15,8 g
GRASAS SATURADAS	6,9 g
HIDRATOS DE CARBONO	59,2 g
FIBRA DIETÉTICA	3,8 g
AZÚCARES	0,7 g
VITAMINAS	B_6, B_{12}

TOSTADAS MEXICANAS CON BONIATO PICANTE

2-3 raciones
sin gluten

No me canso nunca de la comida mexicana, pero cuando ya me he hartado de tacos, me gusta preparar las tortillas en forma de crujientes tostadas servidas como minisándwiches abiertos. No resultan fáciles de comer: ¡prepárese para ponerse perdido!

Prep.: 20 min | Cocción: 30 min

PARA LO BONIATOS

1 boniato grande o 2 medianos, pelados y en dados de 1,25 cm

2 cucharaditas de chile en polvo

½ cucharadita de orégano seco

½ cucharadita de ajo en polvo

¼ de cucharadita de pimentón ahumado

1 cucharada de zumo de lima

PARA LA SALSA

85 g de alubias negras cocidas (o escurridas y lavadas si son en conserva)

1 tomate, en dados

40 g de cebolla blanca o roja, en dados

5 g de cilantro, troceado

zumo de ½ lima

una pizca de sal marina

PARA LA CREMA

1 aguacate

½ cebolleta

60 ml de yogur natural vegetal o tofu blando

2 cucharaditas de zumo de lima

½ cucharadita de sal marina

3 cucharadas de agua

PARA LAS TOSTADAS

6 tortillas de maíz (o tostadas mexicanas)

aceite, para pintarlas

Véase imagen, p. ant., delante

1 Precaliente el horno a 220 °C. Forre una bandeja para el horno con papel vegetal.

2 Para los boniatos, eche los dados en una olla con agua hirviendo y cuézalos parcialmente durante 3 minutos. Escúrralos y extiéndalos sobre un paño de cocina para que se sequen. Pase el boniato a un cuenco grande y mézclelo con el chile en polvo, el orégano, el ajo en polvo, el pimentón y el zumo de lima. Disponga la mezcla sobre la bandeja para el horno y hornéela 15 minutos. Retírela del horno y baje el fuego a 180 °C.

3 Elabore la salsa mezclando las alubias, el tomate, la cebolla, el cilantro, el zumo de lima y una pizca de sal marina en un bol.

4 Para la crema, introduzca en un robot de cocina el aguacate, la cebolleta, el yogur, el zumo de lima, la sal y el agua y tritúrelos hasta que consiga una textura suave. Condimente la mezcla al gusto con más sal o lima, si lo desea.

5 Para preparar las tostadas, pinte ligeramente cada una con aceite y métalas en el horno durante 4 o 5 minutos por cada lado, hasta que queden crujientes. Irán tomando firmeza al enfriarse.

6 Para montar el plato, disponga sobre cada tortilla un poco de salsa, luego boniato y una cucharada de crema de aguacate.

CALORÍAS (POR RACIÓN)	374
PROTEÍNAS	9,3 g
GRASA TOTAL	16,9 g
GRASAS SATURADAS	3,5 g
HIDRATOS DE CARBONO	50,9 g
FIBRA DIETÉTICA	13,5 g
AZÚCARES	5,7 g
VITAMINAS	A

TOFU CON MOLE DE CACAO Y ENSALADA DE COL

4 raciones
sin gluten

Existen multitud de variedades de mole, una salsa tradicional mexicana que incorpora chiles secos, frutos secos, semillas, especias, fruta deshidratada e incluso chocolate. Esta receta es mi versión con cacao, rico en antioxidantes.

Prep.: 15 min | Cocción: 40 min

4 chiles anchos secos

2 cucharadas de aceite de coco

1 cebolla, en dados

4 dientes de ajo, picados

225 g de salsa de tomate

40 g de almendras

3 cucharadas de semillas de calabaza

1 cucharada de uvas pasas (opcional)

3 cucharadas de cacao en polvo

1 cucharadita de canela

1 cucharadita de semillas de comino

1 cucharadita de orégano seco

½ cucharadita de pimentón ahumado

hasta 500 ml de caldo vegetal

Tofu rebozado de cáñamo (p. 122)

1 cucharadita de sal marina

semillas de sésamo tostadas, para servir

PARA LA ENSALADA DE COL

½ col blanca, en tiras finas

2 zanahorias, ralladas

¼ de cebolla, en láminas finas

10 g de cilantro, troceado

1 cucharada de vinagre balsámico blanco

una pizca de sal

Véase imagen, p. 124, detrás, izquierda

1 Para la ensalada, mezcle bien todos los ingredientes en un cuenco grande. Resérvela.

2 Remoje los chiles secos en agua caliente de 15 a 20 minutos hasta que se ablanden. Escúrralos y resérvelos.

3 En una cazuela grande, caliente el aceite a fuego medio-alto. Añada la cebolla y el ajo y sofríalos 5 minutos; luego agregue el tomate, las almendras, las semillas de calabaza, las pasas, si las utiliza, y los chiles. Baje a fuego medio y cocínelo todo 10 minutos más. Incorpore el cacao en polvo, las especias, 1 cucharadita de sal marina y 250 ml de caldo, y siga cocinándolo 15 minutos.

4 Retire del fuego la cazuela, deje enfriar 10 minutos y luego triture todo hasta que quede una crema suave. Devuelva la crema a la cazuela y caliéntela de nuevo; añada otros 125-250 ml de caldo para aclararla si lo desea. Sálela al gusto.

5 Prepare el Tofu rebozado de cáñamo (p. 122). Vierta la salsa caliente sobre el tofu, espolvoree semillas de sésamo tostadas por encima y sírvalo junto con la ensalada de col. La salsa sobrante puede conservarse en el frigorífico hasta cuatro días o congelarse; es deliciosa con patatas o como relleno para burritos.

CALORÍAS (POR RACIÓN)	400
PROTEÍNAS	18,3 g
GRASA TOTAL	26,5 g
GRASAS SATURADAS	13,9 g
HIDRATOS DE CARBONO	79,1 g
FIBRA DIETÉTICA	8,0 g
AZÚCARES	11,7 g
VITAMINAS	A, B_6, B_{12}

TACOS CON GARBANZOS, SEMILLAS DE GIRASOL Y PIÑA

4-6 raciones
sin gluten

La cúrcuma, un superalimento, da un vivo color a este relleno para tacos, y la jugosa piña le aporta su distintivo sabor. Ideal para una comida al aire libre en un día soleado, e incluso para el día más frío, cuando desee soñar con épocas más cálidas.

Prep.: 10 min | Cocción: 20 min

1 cucharada de aceite de oliva virgen extra

½ cebolla roja, cortada en medias lunas

425 g de garbanzos en conserva, lavados y escurridos

165 g de piña, en dados

75 g de semillas de girasol

1 cucharadita de comino en polvo

2 cucharaditas de cúrcuma

½ cucharadita de sal marina

12 tortillas de maíz

90 g de lechuga, en tiritas

2 rábanos, en finas láminas

hojas de cilantro fresco, troceadas

Crema agria de tofu (p. 101)

Véase imagen, p. 124, detrás, derecha

1 Caliente el aceite en una sartén a fuego medio-alto, añada la cebolla y sofríala 4 o 5 minutos. Incorpore los garbanzos, la piña, las semillas de girasol, las especias y la sal, y cocine todo 10 minutos, hasta que se caliente y se mezclen los sabores.

2 Caliente las tortillas en otra sartén ligeramente engrasada, unos 30 segundos por cada lado, hasta que queden blandas y se doblen bien. Utilice una sartén grande, si es posible, para poder calentar dos o tres a la vez.

3 Para servir el plato, rellene cada tortilla con un poco de la mezcla cocinada y corónelas por encima con lechuga, rábanos, cilantro y la crema agria de tofu.

CALORÍAS (POR RACIÓN)	359
PROTEÍNAS	15,4 g
GRASA TOTAL	16,6 g
GRASAS SATURADAS	2,1 g
HIDRATOS DE CARBONO	41,1 g
FIBRA DIETÉTICA	8,1 g
AZÚCARES	4,6 g
VITAMINAS	B_6

TUBÉRCULOS ASADOS CON CEBADA AL CURRY

La combinación de cereales, verduras y salsas deliciosas es infinita. Anime su mesa con cúrcuma, sabores de curry y jengibre fresco. Para una receta sin gluten, utilice arroz, quinoa, mijo o amaranto en vez de cebada.

Prep.: 15 min | Cocción: 30 min

1 cucharadita de aceite de coco,
más 2 cucharadas de aceite de
coco derretido

1 cucharada de semillas
de comino

2 cucharadas de jengibre
fresco, picado

2 cucharaditas de cúrcuma

1 cucharadita de cilantro

¼ de cucharadita de cayena

½ cucharadita de sal marina

200 g de cebada

500 ml de agua

1 boniato grande

1 patata grande

3 chirivías

2 zanahorias

4 chalotas

Aliño cremoso a la cúrcuma (p. 59)

1 Caliente una cucharadita de aceite en un cazo mediano, añada las semillas de comino y el jengibre y sofríalos 1 minuto, hasta que las semillas empiecen a saltar. Agregue la cúrcuma, el cilantro, la cayena y la sal, y remueva todo. Incorpore la cebada y el agua, lleve el contenido a ebullición, luego tape el cazo y cocínelo 20 minutos o hasta que la cebada quede tierna y el agua se haya absorbido. Esponje la cebada con un tenedor, tápela y resérvela hasta que las verduras estén listas.

2 Precaliente el horno a 200 °C. Pele y trocee todas las hortalizas en trozos de un tamaño similar. Dispóngalas en una fuente para el horno, imprégnelas con el aceite de coco derretido y hornéelas de 25 a 30 minutos, removiendo todo una o dos veces, hasta que las verduras queden blandas y se empiecen a caramelizar.

3 Sirva la cebada cocida en platos, añada las verduras y vierta el aliño por encima.

CALORÍAS (POR RACIÓN)	427
PROTEÍNAS	10,4 g
GRASA TOTAL	15,1 g
GRASAS SATURADAS	8,8 g
HIDRATOS DE CARBONO	66,7 g
FIBRA DIETÉTICA	14,6 g
AZÚCARES	5,8 g
VITAMINAS	A

COPOS DE AVENA CON COL LOMBARDA Y CHAMPIÑONES

2 raciones con opción sin gluten

¡La avena no es solo para el desayuno! Es un buen sustituto para la pasta a la hora de la cena y, además, aporta una ración extra de manganeso para fortalecer los huesos. Para un plato sin gluten, utilice avena sin gluten.

Prep.: 5 min | Cocción: 15 min

500 ml de caldo vegetal
90 g de copos de avena
1 cucharada de aceite de coco
2 dientes de ajo, picados
10 champiñones, partidos por la mitad
140 g de col lombarda, en tiritas
1 aguacate, laminado
sal marina y pimienta negra recién molida, al gusto

1 Lleve el caldo a ebullición en una olla mediana. Añada la avena y remuévala. Reduzca a fuego bajo y cocínelo de 15 a 20 minutos, removiéndolo de vez en cuando, hasta que se absorba todo el líquido.

2 Mientras, caliente el aceite a fuego medio en una sartén y sofría el ajo, los champiñones y la col entre 8 y 10 minutos, hasta que se evapore el jugo que suelten las setas. Salpimiéntelos al gusto.

3 Incorpore las verduras sofritas a la avena cocida y sirva el plato en boles, con el aguacate por encima.

CALORÍAS (POR RACIÓN)	465
PROTEÍNAS	9,3 g
GRASA TOTAL	29,2 g
GRASAS SATURADAS	10,5 g
HIDRATOS DE CARBONO	45,9 g
FIBRA DIETÉTICA	13,9 g
AZÚCARES	5,8 g
VITAMINAS	C

ESTOFADO DE CALABAZA CON QUINOA

6-8 raciones
sin gluten

Este estofado es una receta consistente, perfecta para un día frío de invierno. La quinoa espesa esta receta —ideal para una comida de plato único— mientras lo enriquece con proteína, fibra, hierro, vitamina B$_6$ y relajante magnesio.

Prep.: 15 min | Cocción: 40 min

3 cucharadas de aceite de coco

1 cebolla, troceada

4 dientes de ajo, picados

450 g de calabaza, en dados de 5 cm

3 patatas amarillas, tipo Yukon Gold, en dados de 5 cm

800 g de tomate en lata, troceado

85 g de quinoa

1 cucharadita de tomillo picado

1 cucharadita de salvia picada

250 ml de agua o caldo vegetal

sal marina y pimienta negra recién molida, al gusto

1 Caliente el aceite en una cazuela grande y sofría la cebolla y el ajo de 3 a 4 minutos, hasta que se ablanden. Añada la calabaza y las patatas y remuévalas para que se impregnen del aceite. Cocínelas 3 o 4 minutos más, sin dejar de removerlas.

2 Añada el tomate, la quinoa, las hierbas, el agua o el caldo y 1 cucharadita de sal marina, y hágalos hervir. Tape la cazuela y déjela cocer 30 minutos, removiendo el contenido cada 10 minutos. Salpimiente el estofado al gusto, dispóngalo en boles y sírvalo con pan crujiente.

CALORÍAS (POR RACIÓN)	193
PROTEÍNAS	4,6 g
GRASA TOTAL	5,9 g
GRASAS SATURADAS	4,5 g
HIDRATOS DE CARBONO	32,8 g
FIBRA DIETÉTICA	5,8 g
AZÚCARES	6,2 g
VITAMINAS	A, C

ROLLITOS DE BONIATO CON «REQUESÓN» DE TOFU

4-6 raciones
sin gluten

Pruebe el boniato en finas láminas en lugar de pasta para estos rollitos, y rellénelos con «requesón» de tofu, mi relleno preferido, cargado de proteínas, que incluye además una buena ración de espinacas, ricas en folatos.

Prep.: 35 min | Cocción: 15 min

2 boniatos grandes
aceite de oliva virgen extra
25 g de nueces tostadas, troceadas
perejil picado, para servir

PARA EL RELLENO
120 g de espinacas, troceadas
240 g de tofu firme o extrafirme
3 cucharadas de zumo de limón
1 cucharadita de levadura nutricional
sal marina y pimienta negra recién molida, al gusto

CALORÍAS (POR RACIÓN)	128
PROTEÍNAS	5,5 g
GRASA TOTAL	7,7 g
GRASAS SATURADAS	1,1 g
HIDRATOS DE CARBONO	11,1 g
FIBRA DIETÉTICA	2,6 g
AZÚCARES	2,4 g
VITAMINAS	A, B$_6$

1 Pele cada boniato y rebane las puntas y los cuatro lados hasta obtener un bloque rectangular. Con cuidado, corte láminas de 0,3 cm a lo largo, con una mandolina si es posible, aunque también puede utilizar un cuchillo afilado si tiene un pulso firme. Si usa un cuchillo, tal vez sea más fácil preparar el plato en forma de lasaña (véase la variante).

2 Lleve a ebullición una olla con agua y sal a fuego medio, añada de 6 a 8 láminas de boniato y cuézalas de 2 a 4 minutos, hasta que queden tiernas pero no se deshagan. Con cuidado, sáquelas del agua y dispóngalas sobre una bandeja para el horno. Repita la operación con el resto de las láminas de boniato.

3 Para el relleno, cocine ligeramente al vapor las espinacas hasta que se ablanden y reduzcan su tamaño. Introduzca en un robot de cocina el tofu, el zumo de limón y la levadura nutricional y tritúrelos; vaya deteniendo el proceso para incorporar la masa de las paredes a medida que sea necesario. Salpimiente esta combinación al gusto, luego pásela a un cuenco grande y mézclela con las espinacas.

4 Precaliente el horno a 180 ºC.

5 Para montar los rollitos, engrase con un poco de aceite una bandeja para el horno de 23 × 23 cm. Ponga una buena cucharada de relleno sobre cada lámina de boniato y enróllelas, dejando la unión boca abajo sobre la bandeja. Rocíe los rollitos con aceite de oliva, eche las nueces por encima y hornéelos 15 minutos, hasta que se calienten. Para terminar, espolvoree perejil por encima y sírvalos.

VARIANTE: Forme capas en vez de rollitos y monte el plato como una lasaña. Hornee las capas sin salsa o utilice la salsa de los Espaguetis con albóndigas de quinoa (p. 118).

POLENTA CON KALE, SEMILLAS DE CALABAZA Y GRANADA

4 raciones
sin gluten

Guisar las hortalizas es una buena manera de añadirles sabor. Además, esta receta incorpora las crujientes semillas de calabaza y los ácidos arilos de granada.

Prep.: 10 min | Cocción: 30 min

hasta 1,75 litros de agua

225 g de polenta

2 cucharadas de levadura nutricional

¼ de cucharadita de pimentón ahumado

3 cucharadas de aceite de oliva virgen extra

1 chalota, troceada

450 g de hojas de kale, sin tallos (p. 17)

250 ml de caldo vegetal

75 g de semillas de calabaza tostadas

75 g de arilos de granada (véase consejo, p. 40)

sal marina y pimienta negra recién molida, al gusto

Véase imagen, p. sig., delante

1 Lleve 1,5 litros de agua a ebullición en una olla mediana. Vaya echando la polenta, poco a poco, removiéndola continuamente hasta que quede incorporada por completo y consiga una mezcla suave. Remuévala hasta que la polenta adopte firmeza; tarda alrededor de unos 5 minutos. Reduzca hasta el fuego bajo, tápela y cocínela 20 minutos más, removiéndola cada 5 minutos. El resto del agua puede irse añadiendo si la polenta forma grumos o cuesta removerla. Retírela del fuego e incorpore la levadura nutricional y el pimentón.

2 En una olla grande, caliente el aceite y añada la chalota. Sofríala 2 minutos, hasta que desprenda su aroma. Agregue las hojas de kale y el caldo, poco a poco, y deje que la kale se ablande antes de añadir más. Una vez vertidos todo el caldo y la kale, tape la olla y cuézalo de 5 a 6 minutos; luego retire la tapa y cuézalo hasta que se evapore el líquido, 2 minutos más. Salpimiente la kale al gusto.

3 Sirva la polenta en cuencos y disponga por encima la kale, las semillas de calabaza y los arilos de granada.

CALORÍAS (POR RACIÓN)	485
PROTEÍNAS	15,2 g
GRASA TOTAL	20,9 g
GRASAS SATURADAS	3,3 g
HIDRATOS DE CARBONO	65,6 g
FIBRA DIETÉTICA	8,2 g
AZÚCARES	3,6 g
VITAMINAS	A, B_6, C

PIMIENTOS RELLENOS DE ENSALADA CONFETI

6 raciones
sin gluten

Los pimientos rellenos no tienen por qué ser aburridos: rellénelos de la Ensalada confeti de bayas de Goji (p. 63) y disfrute de un plato colmado de nutritivas verduras.

Prep.: 25 min | Cocción: 20 min

110-150 g de lentejas o judías azuki cocidas

Ensalada confeti de bayas de Goji (p. 63)

6 pimientos (amarillos, naranjas o rojos)

2 cucharadas de Guarnición de superalimentos (p. 55)

Véase imagen, p. 135, detrás

1 Precaliente el horno a 180 °C. En un cuenco grande, mezcle las lentejas o alubias con la ensalada confeti de bayas de Goji.

2 Pode la parte superior de los pimientos y resérvela. Con cuidado, retire las membranas interiores, luego vuelva los pimientos boca abajo y golpee la base para que caigan las pepitas. Colóquelos boca arriba en una bandeja para el horno —es posible que deba equilibrarlos un poco— y rellénelos con la mezcla de la ensalada hasta arriba. Coloque encima la parte superior que había reservado y vierta 125 ml de agua en la base de la bandeja.

3 Hornéelos durante 20 minutos, hasta que los pimientos estén tiernos al pincharlos con un tenedor. Retire la parte superior, espolvoree el interior con la guarnición de superalimentos y sírvalos de nuevo tapados con la parte superior.

CALORÍAS (POR RACIÓN)	347
PROTEÍNAS	12,5 g
GRASA TOTAL	13,5 g
GRASAS SATURADAS	1,9 g
HIDRATOS DE CARBONO	46,1 g
FIBRA DIETÉTICA	10,0 g
AZÚCARES	14,8 g
VITAMINAS	A, C

«ARROZ FRITO» DE QUINOA Y VERDURAS

4 raciones
sin gluten

Olvídese de la comida a domicilio: prepare esta versión del arroz frito en menos tiempo del que tardarían en traérselo a casa, especialmente si utiliza quinoa ya cocida.

Prep.: 15 min | Cocción: 30 min

170 g de quinoa
(o 550 g de quinoa cocida)

500 ml de agua

1 cucharada de aceite de coco

150 g de cebolla, troceada

65 g de zanahoria, troceada

50 g de apio, troceado

90 g de cabezuelas y tallos de brócoli, en trocitos

2 cucharadas de aminos líquidos o salsa tamari sin gluten

1 cucharadita de polvo de cinco especias chinas

Véase imagen, p. 139, detrás

1 Lave la quinoa en un colador de malla fina. En un cazo pequeño, lleve la quinoa y el agua a ebullición a fuego medio. Baje el fuego, tape el cazo y cocínela 15 minutos, o hasta que se absorba el líquido. Retire el cazo del fuego y déjela reposar, tapada, 5 minutos más. Esponje la quinoa con un tenedor y resérvela.

2 Caliente el aceite en una sartén ancha y añada las verduras. Sofríalas a fuego medio-alto 5 minutos, hasta que se ablanden. Incorpore la quinoa, los aminos líquidos y el polvo de cinco especias, y remuévalo bien todo. Siga cocinándolo 3 o 4 minutos, removiéndolo a menudo, y luego sirva el «arroz frito».

CALORÍAS (POR RACIÓN)	220
PROTEÍNAS	7,4 g
GRASA TOTAL	6,1 g
GRASAS SATURADAS	3,2 g
HIDRATOS DE CARBONO	85,2 g
FIBRA DIETÉTICA	5,2 g
AZÚCARES	2,9 g
VITAMINAS	A, C

FIDEOS AL COCO
CON ESPINACAS PICANTES

Este plato es ideal tras un día largo y duro: incluye verduras y frutos secos
y la cena estará lista en 15 minutos. Puede utilizar fideos de trigo sarraceno
100% para una receta sin gluten.

Prep.: 10 min | Cocción: 10 min

225 g de fideos soba

250 ml de leche de coco ligera

2 cucharadas de mantequilla de
almendras (p. 17)

1 cucharada de zumo de lima

2 cucharadas de salsa tamari
sin gluten

2 cucharaditas de salsa sriracha
o de ajo y chile picante

180 g de espinacas, troceadas

120 g de almendras tostadas,
troceadas

Véase imagen, p. sig., delante

1 Cueza los fideos según las indicaciones del envase. Escúrralos
y resérvelos.

2 Mientras se cuecen los fideos, caliente la leche de coco, la
mantequilla de almendras, el zumo de lima, la salsa tamari y la
salsa sriracha en una sartén grande a fuego bajo. Deje que hierva
a fuego lento 2 o 3 minutos, hasta que reduzca un poco. Añada las
espinacas y cuézalas 2 minutos hasta que se ablanden, luego
incorpore los fideos ya cocidos y 85 g de almendras, mezclándolo
y removiéndolo para que la salsa lo impregne todo. Reparta los
fideos en platos, espolvoree almendras por encima y sírvalos con
más salsa sriracha y tamari en la mesa para que cada comensal
condimente a su gusto.

CALORÍAS (POR RACIÓN)	473
PROTEÍNAS	18,4 g
GRASA TOTAL	23,7 g
GRASAS SATURADAS	4,8 g
HIDRATOS DE CARBONO	53,3 g
FIBRA DIETÉTICA	5,1 g
AZÚCARES	1,5 g
VITAMINAS	A

PAD THAI DE SEMILLAS Y BROTES DE GIRASOL

4 raciones
sin gluten

El dúo formado por las semillas y los brotes de girasol aportan ácido linoleico (un ácido graso esencial) y aminoácidos, incluido el triptófano (comúnmente asociado al pavo y al estado de relax posterior a la cena de Navidad). Esta opción es ciertamente más fresca y sabrosa.

Prep.: 15 min | Cocción: 15 min

400 g de fideos planos de arroz

1 cucharada de aceite de coco

1 cucharada de jengibre fresco, picado

1 cucharada de ajo, picado

1 zanahoria grande, en juliana

100 g de tirabeques

75 g de semillas de girasol tostadas

3 cebolletas, finamente laminadas

170 g de brotes de girasol

10 g de cilantro, troceado, para servir

gajos de lima, para servir

PARA LA SALSA

60 ml de zumo de lima

60 ml de salsa tamari sin gluten

60 ml de agua

1 cucharada de azúcar moreno

1-2 cucharaditas de salsa picante, tipo sriracha

Véase imagen, p. ant., delante

CALORÍAS (POR RACIÓN)	461
PROTEÍNAS	10,7 g
GRASA TOTAL	10,0 g
GRASAS SATURADAS	3,4 g
HIDRATOS DE CARBONO	82,5 g
FIBRA DIETÉTICA	4,4 g
AZÚCARES	4,8 g
VITAMINAS	A

1 Prepare los fideos según las instrucciones del envase y resérvelos.

2 Caliente el aceite en una sartén grande a fuego alto. Añada el jengibre, el ajo, la zanahoria y los tirabeques, y cuézalos, removiéndolos sin parar, 2 minutos. Páselos a un cuenco.

3 Suba el fuego a medio-alto y en la misma sartén añada los ingredientes de la salsa, removiéndolos bien para que se mezclen. Devuelva las hortalizas a la sartén, con los fideos, las semillas de girasol y las cebolletas, y remueva para que todo se impregne de la salsa. Retire la sartén del fuego, incorpore los brotes de girasol y sirva el plato con cilantro y los gajos de lima por encima.

VARIANTE: Si no dispone de brotes de girasol, utilice brotes de frijol mungo. Las cabezuelas de brócoli son otra opción —o adición— en lugar de los tirabeques.

PASTELES Y POSTRES

TRUFAS CRUDAS

Estas trufas tienen un sabor rico e intenso y se deshacen literalmente en la boca.
Endulzadas únicamente con dátiles, son un final saludable para cualquier comida.
Reserve algunas para preparar las Gachas de quinoa con crumble de brownie (p. 39).

Prep.: 30 min

100 g de nueces

180 g de dátiles Medjool

40 g de cacao en polvo

¼ de cucharadita de sal marina

GUARNICIONES OPCIONALES

1 cucharada de cacao en polvo

1 cucharada de nibs o virutas
de cacao

1 cucharada de pistachos
troceados, mezclados con
1 cucharadita de té matcha

*Véase imagen, p. ant.:
izquierda, detrás, con pistachos;
izquierda, delante, con nibs de
cacao; derecha, detrás, con cacao
en polvo; derecha, delante,
sin guarnición*

1 Forre una bandeja con papel vegetal y resérvela.

2 Triture las nueces en un robot de cocina hasta que quede una
harina fina (pero deténgase antes de que se conviertan en
mantequilla de nuez). Añada los dátiles, el cacao en polvo y la sal,
y tritúrelos hasta que se mezcle todo bien. Es posible que deba
detenerse para rascar las paredes del vaso de la trituradora.
La pasta debe quedar lo bastante suave y pegajosa para poder
formar con ella una bola con las manos. Si no, puede que los
dátiles que haya usado sean demasiado secos, por lo que será
necesario añadir una cucharadita de agua por vez hasta que la
consistencia sea la adecuada.

3 Forme bolas con una cucharada de la pasta resultante y luego
colóquelas sobre la bandeja hasta acabar con la pasta.
A continuación reboce las bolas con la decoración elegida, si lo
desea, y deje las trufas en el congelador 20 minutos. Sáquelas
y sírvalas; si quiere que queden más blandas, déjelas templar
15 minutos antes de servir. Guarde las sobrantes en un recipiente
hermético, en el frigorífico o el congelador, donde se conservarán
hasta dos semanas.

CALORÍAS (POR RACIÓN)	103
PROTEÍNAS	3,2 g
GRASA TOTAL	5,6 g
GRASAS SATURADAS	0,7 g
HIDRATOS DE CARBONO	13,8 g
FIBRA DIETÉTICA	2,6 g
AZÚCARES	9,7 g
VITAMINAS	B_6, E

TRUFAS DE ALMENDRA Y TAHINI

12 trufas
sin gluten

Estas trufas recubiertas de chocolate contienen un relleno de almendras crujientes y cremoso tahini —una especie de cruce entre los dulces orientales halva y el Ferrero Rocher— y son un verdadero capricho elaborado con superalimentos.

Prep.: 10 min (más congelación)

170 g de almendras
60 g de tahini
2 cucharadas de jarabe de arce
2 cucharadas de harina de lino
2 cucharadas de aceite de coco, ablandado
una pizca de sal marina
75 g de pepitas de chocolate vegano

1 Forre una bandeja con papel vegetal y resérvela. Triture las almendras en un robot de cocina hasta obtener una harina gruesa.

2 En un bol, mezcle tres cuartas partes de las almendras molidas con el tahini, el jarabe de arce, la harina de lino, 1 cucharada del aceite y la sal. Forme 12 bolas del mismo tamaño con la pasta resultante. Coloque el resto de la almendra molida en un plato y reboce con ella las bolas, presionándolas para que se enganche a ellas. Disponga las trufas sobre la bandeja y congélelas.

3 En un cazo pequeño, funda las pepitas de chocolate con el resto del aceite y remuévalas hasta que quede una crema homogénea. De una en una, moje cada trufa en el chocolate fundido y remuévalas bien para recubrirlas del todo. Dispóngalas de nuevo sobre la bandeja. Métalas en el congelador para que se enfríen y reposen, entre 5 y 10 minutos. Páselas a un recipiente hermético. Puede guardarlas en el congelador hasta dos semanas.

VARIANTE: Utilice mantequilla de almendras (p. 17) en vez de tahini si desea unas trufas más dulces y con sabor a frutos secos.

CALORÍAS (POR RACIÓN)	177
PROTEÍNAS	4,6 g
GRASA TOTAL	14,2 g
GRASAS SATURADAS	4,0 g
HIDRATOS DE CARBONO	11,0 g
FIBRA DIETÉTICA	2,6 g
AZÚCARES	2,6 g
VITAMINAS	E

BOCADOS DE GOJI Y ALMENDRA

28-30 bocados con opción sin gluten

Los bocados energéticos son deliciosos, pero pueden ser caros. No se tarda nada en hacérselos uno mismo, y me encanta llenar el congelador de tentempiés saludables para cuando aprieta el hambre. Utilice avena sin gluten para una receta sin gluten.

Prep.: 30 min

30 g de bayas de Goji
170 g de almendras
50 g de copos de avena
una pizca de sal marina
180 g de dátiles Medjool
2 cucharadas de zumo de limón

1 En un robot de cocina con cuchilla en forma de «S», triture las bayas de Goji (sin convertirlas en polvo). Resérvelas. Limpie el recipiente del robot de cocina.

2 Triture las almendras, la avena y la sal en el robot de cocina hasta obtener una harina fina. Añada los dátiles y 1 cucharada de zumo de limón, y vuelva a triturar para mezclarlo todo bien. La pasta debería mantenerse compacta al presionarla entre los dedos. Si no, añada el resto del zumo de limón y vuelva a triturarla. Incorpore las bayas de Goji y triture la pasta de nuevo.

3 Haga bolas con 2 cucharaditas de la pasta; con esta cantidad deberían salir entre 28 y 30 bocados. Dispóngalos en una bandeja forrada con papel vegetal y meta la bandeja en el congelador 20 minutos. Se conservan hasta un mes en un recipiente hermético dentro del frigorífico o del congelador.

CALORÍAS (POR RACIÓN)	181
PROTEÍNAS	5,0 g
GRASA TOTAL	9,0 g
GRASAS SATURADAS	0,7 g
HIDRATOS DE CARBONO	23,2 g
FIBRA DIETÉTICA	4,3 g
AZÚCARES	14,6 g
VITAMINAS	C, E

BROWNIES DE JUDÍAS AZUKI

24 porciones
sin gluten

No hay nada como hincarle el diente a un minibrownie vegano. Las judías azuki son suaves y de regusto dulce, por lo que son muy indicadas como ingrediente para los postres, y son ellas las que dan la textura tan blanda a estos brownies.

Prep.: 15 min | Cocción: 10 min

400 g de judías azuki en conserva, lavadas y escurridas

40 g de chocolate o cacao en polvo

25 g de nueces molidas

60 ml de aceite de coco derretido

100 g de azúcar de coco o azúcar de caña sin refinar

½ cucharadita de bicarbonato

½ cucharadita de sal marina

¼ de cucharadita de canela

2 huevos de lino (p. 17)

Véase imagen, p. sig., detrás

1 Precaliente el horno a 180 °C. Engrase ligeramente una bandeja metálica para 24 magdalenas y resérvela.

2 Triture unos 2 minutos todos los ingredientes en un robot de cocina hasta obtener una pasta suave; vaya parando para rascar las paredes del recipiente si es necesario.

3 Ponga una cucharada colmada de pasta en cada hueco de la bandeja. Hornee los brownies de 10 a 12 minutos, luego retírelos del horno y déjelos enfriar en la bandeja 5 minutos antes de pasarlos a una rejilla. Se conservarán en un recipiente hermético hasta cuatro días.

VARIANTE: Utilice judías pintas o negras como alternativa a las judías azuki.

CALORÍAS (POR RACIÓN)	90
PROTEÍNAS	1,3 g
GRASA TOTAL	3,5 g
GRASAS SATURADAS	2,3 g
HIDRATOS DE CARBONO	14,5 g
FIBRA DIETÉTICA	0,7 g
AZÚCARES	4,2 g
VITAMINAS	B_3, B_6

HELADO DE LÚCUMA

Esta receta fácil y rápida solo precisa cuatro ingredientes y no es necesario disponer de una heladera. El helado de lúcuma es uno de los más populares en Sudamérica y resulta asombroso con virutas de cacao y sal marina espolvoreados por encima.

Prep.: 5 min (y 3 h de congelación)

400 ml de leche de coco con toda la grasa
65 g de lúcuma en polvo
3 cucharadas de sirope de agave
una pizca de sal marina
Véase imagen, p. 149, delante

1 Triture todos los ingredientes durante 2 minutos, hasta obtener una crema.

2 Forre un molde rectangular con film transparente y vierta la crema. Guárdela en el congelador durante 3 horas o hasta que quede firme. Sáquela del congelador 5 minutos antes de servirla para que resulte más fácil dividir las raciones.

CALORÍAS (POR RACIÓN)	224
PROTEÍNAS	2,1 g
GRASA TOTAL	12,0 g
GRASAS SATURADAS	8,0 g
HIDRATOS DE CARBONO	26,6 g
FIBRA DIETÉTICA	0,5 g
AZÚCARES	12,2 g
VITAMINAS	B_3, C

PUDIN DE TRES INGREDIENTES

Una de las cualidades increíbles de las diminutas semillas de chía es su capacidad de absorber una enorme cantidad de líquido. Entonces crecen y se vuelven gelatinosas, ideales para un pudin fácil y delicioso que viene con pequeños estallidos.

Prep.: 5 min (más 2-8 h de reposo)

250 ml de leche de almendras sin edulcorar (u otro tipo de leche vegetal)
1 cucharada de sirope de agave
40 g de semillas de chía
Véase imagen, p. sig., detrás

1 En un cuenco grande o un tarro, mezcle la leche, el agave y la chía. Deje reposar la mezcla 5 minutos y luego remuévala (o sacuda el tarro). Guárdela en el frigorífico durante al menos 2 horas, o toda la noche. Sáquela del frigorífico, remuévala y sírvala.

VARIANTE: Para un pudin de chía y chocolate, añada 2 cucharadas de chocolate en polvo y una pizca de sal marina a la mezcla.

CALORÍAS (POR RACIÓN)	114
PROTEÍNAS	4,5 g
GRASA TOTAL	7,9 g
GRASAS SATURADAS	0,5 g
HIDRATOS DE CARBONO	14,2 g
FIBRA DIETÉTICA	7,5 g
AZÚCARES	5,4 g
VITAMINAS	A, B_1, B_3

PUDIN DE COCO Y MATCHA

2-4 raciones
sin gluten

Este rico y lujurioso pudin debe su hermoso color verde y sus propiedades energéticas y sobre el ánimo al poderoso té matcha. El poder del té matcha se complementa armoniosamente con la cremosidad del coco.

Prep.: 5 min | Cocción: 15 min (más 1 h de reposo)

400 ml de leche de coco con toda su grasa

65 g de azúcar de coco o azúcar de caña sin refinar

2 cucharaditas de té matcha en polvo

una pizca de sal marina

1 cucharada de harina de maíz

virutas de cacao o de chocolate negro, para servir

Véase imagen, p. 151, delante

1 Ponga 375 ml de leche de coco en un cazo pequeño junto con el azúcar, el té matcha y la sal, batiéndolo para que se mezcle bien. Caliéntelo a fuego medio, removiéndolo de vez en cuando, durante unos 5 minutos.

2 Mientras se calienta la leche, mezcle el resto de la leche de coco con la harina de maíz en un bol hasta que no queden grumos.

3 Añada la mezcla de la harina de maíz al cazo y remuévala bien, llevándolo todo de nuevo a una ebullición suave. Cocínela hasta que empiece a espesar, unos 5 minutos, luego baje el fuego y siga removiéndola 2 minutos más.

4 Pase la mezcla a unos cuencos o moldes pequeños individuales, tápelos con papel plástico transparente en contacto con la superficie (para que no se endurezca la capa superior) y refrigérelos durante una hora. Retire el papel film, espolvoree cacao o chocolate por encima y deguste el pudin.

VARIANTE: Si el sabor del té matcha le sabe demasiado fuerte, mezcle 60 ml de chocolate negro fundido con el pudin cuando todavía esté caliente.

CALORÍAS (POR RACIÓN)	140
PROTEÍNAS	1,0 g
GRASA TOTAL	12,0 g
GRASAS SATURADAS	8,0 g
HIDRATOS DE CARBONO	7,2 g
FIBRA DIETÉTICA	0,6 g
AZÚCARES	2,3 g
VITAMINAS	C

PASTEL CON BAYAS DE GOJI

8 raciones
(sale un pastel
de 3 pisos)

De pequeña, siempre pedía un pastel de cerezas para mi cumpleaños. Esta receta satisface mi nostalgia sin afectar mi salud: en vez de utilizar trozos de fruta «sintética», añado bayas de Goji troceadas.

Prep.: 20 min | Cocción: 25 min

250 ml de leche vegetal (al gusto) sin edulcorar

1 cucharada de vinagre de sidra

85 ml de aceite vegetal (de colza, de alazor, etc.)

½ cucharadita de extracto de almendra

30 g de bayas de Goji

190 g de harina blanca

150 g de azúcar de caña sin refinar

1 cucharadita de levadura en polvo

½ cucharadita de bicarbonato

¼ de cucharadita de sal marina

PARA LA CREMA

125 ml de aceite de coco

250 g de azúcar glas vegano

2 cucharadas de leche vegetal (al gusto)

Véase imagen, p. 142

1 Precaliente el horno a 180 °C. Prepare tres moldes de 12 cm de diámetro (o uno de 20 cm, si lo prefiere) engrasando los lados y forrando el fondo con un círculo de papel vegetal.

2 En un cuenco grande, mezcle la leche y el vinagre y espere a que cuaje, unos 2 minutos. Añada el aceite y el extracto de almendra, y mezcle.

3 Triture bastamente las bayas de Goji con un robot de cocina y resérvelas. En otro cuenco tamice la harina, el azúcar, la levadura en polvo, el bicarbonato y la sal, y mézclelos. Incorpore los ingredientes secos a los húmedos y amalgámelos ligeramente hasta que no queden grumos. Entonces añada las bayas de Goji a la masa.

4 Divida la masa entre los moldes y hornéela de 22 a 25 minutos, o hasta que al pinchar con un palillo, este salga limpio. Retírela del horno y deje que se enfríe completamente antes de sacar la masa del molde o moldes que haya usado.

5 Para la crema, monte el aceite de coco con una batidora de varillas hasta que quede esponjosa y suave. Añada 125 g del azúcar y mézclelo de nuevo. Incorpore la segunda taza y vuelva a mezclarlo, mientras añade una o dos cucharadas de leche para que la crema quede bien esponjosa.

6 Con un cuchillo de sierra, corte con cuidado las partes superiores abombadas de cada pastel una vez que estén fríos. Coloque uno sobre la bandeja de servir. Unte la parte superior con un tercio de la crema. Ponga encima el segundo pastel y otro tercio de la crema. Remátelo con el tercer pastel y el resto de la crema. La crema de aceite de coco no aguanta bien el calor (ni siquiera la temperatura ambiente), por lo que conviene mantener el pastel refrigerado hasta el momento de servirlo.

CALORÍAS (POR RACIÓN)	513
PROTEÍNAS	2,7 g
GRASA TOTAL	25,2 g
GRASAS SATURADAS	13,2 g
HIDRATOS DE CARBONO	71,6 g
FIBRA DIETÉTICA	1,1 g
AZÚCARES	50,6 g
VITAMINAS	C

MAGDALENAS «MORNING GLORY»

Zanahoria, manzana, coco, calabaza, pasas, nueces: estas magdalenas bastan para plantarle cara a los ataques de hambre matinales más agudos.

Prep.: 30 min | Cocción: 25 min

250 g de harina integral

2 cucharaditas de levadura en polvo

1 cucharadita de canela

¼ de cucharadita de nuez moscada

¼ de cucharadita de sal marina

125 ml de aceite de girasol o de colza, y un poco más para engrasar el molde

150 g de azúcar moreno

125 ml de leche vegetal (al gusto)

220 g de puré de calabaza (p. 17) o calabaza en lata

35 g de zanahoria rallada

35 g de manzana rallada

35 g de nueces troceadas

25 g de coco deshidratado sin edulcorar

60 g de pasas o arándanos rojos

1 Precaliente el horno a 200 °C. Unte con un poco de aceite un molde para 12 magdalenas, o disponga moldes para magdalenas de silicona o papel en los huecos.

2 En un cuenco grande, mezcle la harina, la levadura, las especias y la sal. Reserve la mezcla.

3 En otro cuenco grande, mezcle el aceite, el azúcar, la leche y el puré de calabaza. Añada la zanahoria y la manzana y remuévalo todo. Agregue los ingredientes secos y mézclelos ligeramente. Incorpore las nueces, el coco y las pasas o arándanos.

4 Reparta la masa entre los huecos de la bandeja, llenándolos casi hasta arriba. Hornéelos 25 minutos o hasta que al pinchar con un palillo este salga limpio. Deje enfriar las magdalenas y consérvelas en un recipiente hermético hasta cuatro días, o congélelas.

CALORÍAS (POR RACIÓN)	269
PROTEÍNAS	4,1 g
GRASA TOTAL	14,1 g
GRASAS SATURADAS	2,4 g
HIDRATOS DE CARBONO	34,9 g
FIBRA DIETÉTICA	4,1 g
AZÚCARES	16,5 g
VITAMINAS	A

BARRITAS DE ARÁNDANOS

9 barritas
con opción
sin gluten

Estas versátiles y deliciosas barritas son ideales como postre acompañadas de una bola de helado no lácteo, pero también puede servirlas como merienda. Para una receta sin gluten, utilice avena sin gluten.

Prep.: 20 min | Cocción: 35 min

290 g de arándanos, frescos o congelados

60 ml de zumo de naranja

2 cucharadas de jarabe de arce

2 cucharadas de semillas de chía

210 g de copos de trigo sarraceno

140 g de copos de avena

2 cucharadas de lúcuma en polvo

2 cucharadas de azúcar moreno

½ cucharadita de canela

¼ de cucharadita de sal marina

¼ de cucharadita de bicarbonato

2 huevos de lino (p. 17)

3 cucharadas de aceite de coco derretido

2 cucharadas de agua

Véase imagen, p. 158, detrás

1 Precaliente el horno a 180 °C. Forre un molde de 20 × 20 cm con papel vegetal.

2 En un cazo pequeño, hierva a fuego lento los arándanos, el zumo de naranja y el jarabe de arce, de 5 a 7 minutos, hasta que los arándanos empiecen a soltar su jugo. Incorpore las semillas de chía y siga cocinando todo 2 minutos más, removiéndolo hasta que se espese un poco. Retírelo del fuego y resérvelo.

3 Triture 170 g de trigo sarraceno con el resto de los ingredientes hasta obtener una textura de migas gruesas. Añada los 40 g restantes del trigo sarraceno y tritúrelos.

4 Disponga dos tercios de las migas en la bandeja para el horno y presiónelas para formar una capa compacta. Vierta encima los arándanos y extiéndalos para cubrir toda la base. Espolvoree el resto de las migas sobre los arándanos.

5 Hornee de 30 a 35 minutos, luego retírela del horno y déjela enfriar completamente antes de cortar las porciones en la bandeja.

CALORÍAS (POR RACIÓN)	226
PROTEÍNAS	5,3 g
GRASA TOTAL	7,2 g
GRASAS SATURADAS	4,3 g
HIDRATOS DE CARBONO	36,3 g
FIBRA DIETÉTICA	4,9 g
AZÚCARES	9,0 g
VITAMINAS	B_6

BARRITAS DE QUINOA SIN COCCIÓN

Estas barritas son el tentempié ideal para aquellos días en que uno no para, sale de viaje o dedica el día a hacer encargos. Me gusta utilizar arándanos rojos endulzados con zumo de manzana, ya que encuentro los demás demasiado dulces.

Prep.: 30 min

75 g de cereales crujientes de arroz integral

50 g de quinoa hinchada

75 g de semillas de calabaza crudas

35 g de semillas de cáñamo peladas

30 g de arándanos rojos deshidratados

3 cucharadas de harina de lino

170 ml de sirope de arroz integral

125 g de mantequilla de cacahuete

1 cucharadita de extracto de vainilla

Véase imagen, p. 158, derecha

1 Forre un molde de 20 × 20 cm con papel vegetal y resérvelo.

2 En un cuenco grande, mezcle los cereales, las semillas, los arándanos y la harina de lino. Reserve la mezcla.

3 En un cazo pequeño, caliente el sirope de arroz y la mantequilla de cacahuete a fuego medio-bajo hasta que se fundan y se mezclen, unos 2 o 3 minutos. Retire la mezcla del fuego e incorpore el extracto de vainilla. Vierta esta combinación sobre la mezcla de cereales y remuévala, cerciorándose de impregnarlo todo. Ponga el resultado en el molde preparado y presiónelo uniformemente, mediante una espátula o las manos humedecidas (para que no se pegue). Déjelo reposar 20 minutos a temperatura ambiente o 5 minutos en el congelador.

4 Corte la masa en ocho barritas y sírvalas. Estas pueden conservarse en un recipiente hermético; si las quiere para llevar, envuélvalas individualmente en papel vegetal.

CONSEJO: Para una receta sin frutos secos, sustituya la mantequilla de cacahuete por mantequilla de semillas de girasol.

CALORÍAS (POR RACIÓN)	266
PROTEÍNAS	9,8 g
GRASA TOTAL	15,4 g
GRASAS SATURADAS	2,6 g
HIDRATOS DE CARBONO	27,5 g
FIBRA DIETÉTICA	2,8 g
AZÚCARES	14,4 g
VITAMINAS	B_6

BARRITAS DE ALMENDRA AL HORNO

10 barritas
con opción
sin gluten

Con un niño pequeño en casa que no para, procuro tener la cocina y el bolso llenos de tentempiés saludables. Estas barritas están repletas de proteína y hierro para mentes y cuerpos en crecimiento. Para una opción sin gluten, utilice copos de avena sin gluten.

Prep.: 10 min | Cocción: 35 min

140 g de copos de avena

85 g de almendras, troceadas

100 g de orejones, troceados (opcional)

25 g de coco deshidratado sin edulcorar

3 cucharadas de harina de avena

60 ml de sirope de agave o jarabe de arce

60 ml de aceite de coco derretido

2 cucharadas de semillas de chía

½ cucharadita de canela

¼ de cucharadita de sal

Véase imagen, p. ant., delante

1 Precaliente el horno a 180 °C. Forre un molde de 20 × 20 cm con papel vegetal.

2 Tueste ligeramente los copos de avena y las almendras extendiéndolos sobre una bandeja de horno y horneándolos 5 minutos.

3 En un cuenco grande, mezcle los copos de avena, las almendras, los orejones (si los utiliza), el coco y la harina de avena.

4 En un cuenco más pequeño, mezcle el sirope de agave o jarabe de arce, el aceite de coco, las semillas de chía, la canela y la sal. Añada esta mezcla a los ingredientes secos y remueva bien todo.

5 Vierta la masa en el molde preparado y extiéndala para formar una capa uniforme, presionándola firmemente para compactarla. Hornéela de 30 a 35 minutos, hasta que se dore. Retire la masa del horno y deje enfriar completamente las barritas antes de cortarlas. Consérvelas en un recipiente hermético; si las quiere para llevar, envuélvalas individualmente.

CONSEJO: Puede hacer su propia harina de avena rápida y fácilmente triturando copos de avena en una batidora o un robot de cocina.

CALORÍAS (POR RACIÓN)	201
PROTEÍNAS	4,4 g
GRASA TOTAL	13,4 g
GRASAS SATURADAS	7,2 g
HIDRATOS DE CARBONO	18,4 g
FIBRA DIETÉTICA	3,7 g
AZÚCARES	5,1 g
VITAMINAS	A, E

NANAIMO DE MENTA Y MATCHA

16 barras
sin gluten

Estas barras, llamadas Nanaimo, son un dulce canadiense clásico. Llevan el nombre de la ciudad de donde son originarias y se trata de unos ricos bocados saludables, con una base de chocolate y coco, un cremoso relleno y una capa superior de chocolate.

Prep.: 40 min

PARA LA BASE

50 g de nueces

85 g de almendras

180 g de dátiles Medjool

3 cucharadas de cacao en polvo

25 g de coco deshidratado sin edulcorar

una pizca de sal marina

PARA EL RELLENO

225 g de coco deshidratado sin edulcorar

3 cucharadas de sirope de agave o jarabe de arce

2 cucharadas de aceite de coco

½ cucharadita de extracto puro de menta

2 cucharaditas de té matcha

PARA LA CAPA SUPERIOR

1 ración de Chocolate fácil de maca, sin ingredientes complementarios (p. 164)

1 Forre un molde de 20 × 20 cm con papel vegetal y resérvelo.

2 Para la base, triture las nueces y las almendras en un robot de cocina hasta obtener una harina gruesa. Añada el resto de los ingredientes y tritúrelos para trocearlos bien; al presionar la mezcla entre los dedos pulgar e índice, esta debe permanecer compacta. Si no, añada una cucharada de agua y pruebe de nuevo. Pase la mezcla al molde y presiónela bien para formar una capa uniforme. Guárdela en el congelador.

3 Para el relleno, limpie el recipiente del robot de cocina donde ha triturado los ingredientes. Añada el coco y tritúrelo hasta obtener mantequilla de coco, unos 4 o 5 minutos. Luego añada el resto de los ingredientes y tritúrelos. Disponga esta mezcla sobre la base y nivélela con una espátula o el dorso de una cuchara. Vuelva a guardarla en el congelador.

4 Prepare una ración de chocolate fácil de maca (p. 164) y añádala al preparado como capa final, repartiendo bien el chocolate con una espátula o el dorso de una cuchara. Guárdela de nuevo en el congelador otros 20 minutos más.

5 Corte la masa en 16 cuadrados con un cuchillo caliente para cortarlos sin romper la capa de chocolate. Conserve las barras Nanaimo en un recipiente hermético en el frigorífico o el congelador hasta dos semanas. Si las congela, sáquelas 20 minutos antes de servirlas (10 minutos si las conserva en el frigorífico).

CALORÍAS (POR RACIÓN)	196
PROTEÍNAS	2,8 g
GRASA TOTAL	16,0 g
GRASAS SATURADAS	11,3 g
HIDRATOS DE CARBONO	14,9 g
FIBRA DIETÉTICA	4,1 g
AZÚCARES	9,2 g
VITAMINAS	B_6, E

BIZCOCHO DE LIMÓN Y CHÍA

Este exquisito bizcocho de limón lleva semillas de chía en vez de semillas de amapola, las cuales le proporcionan un toque crujiente, además de omega-3 y fibra dietética.

Prep.: 10 min | Cocción: 40 min

zumo y raspadura de 2 limones

140 g de azúcar de caña sin refinar

65 g de compota de manzana sin edulcorar

60 ml de aceite de girasol (o de colza, coco, etc.)

250 g de harina blanca

2 cucharaditas de levadura en polvo

½ cucharadita de cúrcuma

¼ de cucharadita de bicarbonato

¼ de cucharadita de sal marina

3 cucharadas de semillas de chía

30 g de azúcar glas vegano

1 Precaliente el horno a 180 °C. Engrase ligeramente un molde rectangular, o fórrelo con papel vegetal, y resérvelo.

2 En un cuenco grande, mezcle algo menos de 125 ml de zumo de limón con la raspadura, el azúcar, la compota y el aceite.

3 Ponga todos los ingredientes secos, excepto el azúcar glas, en otro bol y mézclelos. Incorpore los ingredientes secos a los húmedos y remuévalos un poco.

4 Pase la masa al molde y hornéelo de 35 a 45 minutos, o hasta que al pinchar con un palillo este salga limpio. Retire el bizcocho del horno y déjelo enfriar por completo antes de desmoldarlo.

5 Mezcle el azúcar glas con 1 cucharada de zumo de limón hasta que quede una mezcla suave. Riegue el bizcocho con esta salsa, córtelo y sírvalo.

CALORÍAS (POR RACIÓN)	222
PROTEÍNAS	3,1 g
GRASA TOTAL	7,0 g
GRASAS SATURADAS	0,7 g
HIDRATOS DE CARBONO	37,2 g
FIBRA DIETÉTICA	1,6 g
AZÚCARES	16,7 g
VITAMINAS	C

CHOCOLATE FÁCIL DE MACA

Le costará creer lo fácil que es preparar su propio chocolate con superalimentos. El cacao puro en polvo posee un enorme poder antioxidante, mientras que la maca aporta sustancias químicas para levantar el ánimo.

Prep.: 20 min

125 ml de aceite de coco derretido

60 ml de sirope de agave

65 g de cacao en polvo

2 cucharadas de maca en polvo

¼ de cucharadita de sal marina

1 cucharada de bayas de Goji

1 cucharada de virutas o nibs de cacao

1 cucharada de semillas de calabaza

1 Forre una bandeja pequeña para el horno con papel vegetal.

2 Mezcle el aceite de coco y el sirope de agave en un bol. Añada el cacao, la maca y la sal, removiéndolos continuamente hasta obtener una mezcla homogénea. Trabájelos con rapidez, ya que la mezcla empezará a solidificarse.

3 Vierta el chocolate sobre el papel vegetal con una espátula para aprovecharlo todo, y eche por encima las bayas de Goji, las virutas de cacao y las semillas de calabaza. Meta el chocolate en el congelador para que repose 20 minutos. Trocéelo y disfrútelo inmediatamente. Conserve el que sobre en el congelador.

VARIANTE: Prepare una versión mexicana añadiendo ½ cucharadita de canela y ¼ de cucharadita de cayena a la mezcla de chocolate y esparza por encima trocitos de jengibre cristalizado.

CALORÍAS (POR RACIÓN)	218
PROTEÍNAS	2,8 g
GRASA TOTAL	18,7 g
GRASAS SATURADAS	15,1 g
HIDRATOS DE CARBONO	14,2 g
FIBRA DIETÉTICA	4,5 g
AZÚCARES	7,2 g
VITAMINAS	B_2, B_3, B_6, C

COOKIES DE CHOCOLATE CON LENTEJAS

24 cookies

No es ningún secreto: me gusta poner legumbres en mis postres. Le añaden proteínas y fibra, y si puedo conseguir una galleta con estas cualidades, me siento feliz. No se pierda el placer de tomar una todavía caliente.

Prep.: 25 min | Cocción: 10-12 min

100 g de lentejas rojas, lavadas
500 ml de agua
125 ml de aceite de coco, ablandado
100 g de azúcar de caña sin refinar
190 g de harina blanca
40 g de chocolate o cacao en polvo
1 cucharadita de bicarbonato
½ cucharadita de sal marina
50 g de pepitas de chocolate vegano

Véase imagen, p. 166, detrás

1 Precaliente el horno a 180 ºC. Forre dos bandejas con papel vegetal.

2 Ponga las lentejas y el agua en un cazo pequeño a fuego medio y llévelo a ebullición. Reduzca hasta el fuego bajo y cocínelas durante 20 minutos, hasta que se ablanden. Escúrralas y pese 200 g de lentejas cocidas, páselas a un cuenco grande y cháfelas con un tenedor. Añada el aceite y el azúcar a las lentejas chafadas y mézclelas bien.

3 En otro cuenco, mezcle la harina, el cacao, el bicarbonato y la sal marina. Añada esta mezcla a la de las lentejas y amalgame todo bien. Incorpore las pepitas de chocolate.

4 La masa será bastante pegajosa, pero coja una cucharada de masa y forme bolitas con ella. Disponga las bolitas sobre las bandejas preparadas y presiónelas suavemente con la mano. Hornéelas de 10 a 12 minutos. Retírelas del horno y déjelas templar 5 minutos antes de pasarlas a una rejilla para enfriar.

CALORÍAS (POR RACIÓN)	120
PROTEÍNAS	2,4 g
GRASA TOTAL	6,2 g
GRASAS SATURADAS	5,0 g
HIDRATOS DE CARBONO	14,8 g
FIBRA DIETÉTICA	2,1 g
AZÚCARES	5,5 g
VITAMINAS	B_1, B_6

GALLETAS MACAROON DE COCO Y ESPECIAS

12 galletas

Estas crujientes galletas semiesféricas de coco no son muy dulces y saben ligeramente a canela y especias de té. Son ricas en hierro, fibra dietética y grasas saludables: ¡una galleta superalimenticia!

Prep.: 10 min | Cocción: 30 min

170 g de almendras

120 g de coco deshidratado sin edulcorar

60 ml de aceite de coco, ablandado

2 cucharadas de lúcuma en polvo

1 cucharadita de cardamomo en polvo

1 cucharadita de canela

½ cucharadita de jengibre en polvo

⅛ de cucharadita de pimienta blanca (opcional)

una pizca de clavo

60 ml de sirope de arroz integral

⅛ de cucharadita de sal marina

Véase imagen, p. ant., delante

1 Precaliente el horno a 120 °C. Forre una bandeja con papel vegetal.

2 Triture las almendras y el coco hasta obtener una harina gruesa. Añada el resto de los ingredientes y tritúrelos de 15 a 20 segundos.

3 Con una cuchara para helado de 14 g o un cucharón, forme semiesferas con la masa y dispóngalas en la bandeja forrada. Deben estar bien compactadas para que no se desmoronen al hornearlas. Hornéelas de 25 a 30 minutos, hasta que se doren ligeramente. Déjelas enfriar antes de pasarlas a un recipiente hermético para conservarlas.

VARIANTE: Supere esta versión de las galletas añadiendo un baño de chocolate. Funda 75 g de pepitas de chocolate veganas con una cucharadita de aceite de coco. Moje el tercio inferior de las galletas en el chocolate y dispóngalas sobre un papel vegetal. También puede mojarlas en chocolate fácil de maca (p. 164), pero como este no aguanta bien la temperatura ambiente, deberá guardarlas en el congelador.

CALORÍAS (POR RACIÓN)	212
PROTEÍNAS	4,0 g
GRASA TOTAL	18,3 g
GRASAS SATURADAS	10,4 g
HIDRATOS DE CARBONO	11,4 g
FIBRA DIETÉTICA	3,5 g
AZÚCARES	4,6 g
VITAMINAS	B_3, E

TARTA DE «QUESO» DE BONIATO

8-10 raciones

El boniato suele pasarse por alto cuando se trata de los postres pero, al igual que con la calabaza, con él se prepara un fantástico puré, que es dulce de manera natural. Esta tarta de «queso» es rica y cremosa, de sabor delicado, y sin nada de queso.

Prep.: 20 min | Cocción: 15 min
(más 6-8 h de congelación)

PARA LA BASE

85 g de pacanas

30 g de copos de avena

2 cucharadas de jarabe de arce

60 ml de aceite de coco

½ cucharadita de canela

PARA EL RELLENO

350 g de tofu blando

170 g de anacardos crudos, en remojo durante 4 horas

60 ml de zumo de limón

250 g de boniato chafado

125 ml de aceite de coco derretido

75 g de azúcar moreno o de coco

2 cucharaditas de extracto de vainilla

1 cucharadita de canela

1 Para la base, precaliente el horno a 180 °C. Introduzca las pacanas y la avena en un robot de cocina y tritúrelas hasta obtener una harina gruesa. Añada el jarabe de arce, el aceite de coco y la canela y tritúrelo todo de nuevo. La mezcla debería ser pegajosa al presionarla entre el pulgar y el índice; si no, añada una cucharada de agua y vuelva a probar la consistencia. Extiéndala y presiónela en el fondo de un molde de 18 cm y hornéela de 10 a 15 minutos, hasta que se dore un poco. Limpie el vaso de la trituradora.

2 Triture todos los ingredientes del relleno hasta obtener una pasta suave, rascando los lados del vaso del robot de cocina si es necesario.

3 Vierta el relleno en el molde, sobre la base. Allánelo con una espátula o el dorso de una cuchara. Congele la tarta durante al menos 6 horas, o toda la noche. Pásela al frigorífico al menos 1 o 2 horas antes de servirla, a no ser que sea un día caluroso de verano, en cuyo caso un trozo de tarta de «queso» congelada sienta de maravilla.

CALORÍAS (POR RACIÓN)	422
PROTEÍNAS	7,7 g
GRASA TOTAL	34,3 g
GRASAS SATURADAS	18,4 g
HIDRATOS DE CARBONO	25,1 g
FIBRA DIETÉTICA	2,9 g
AZÚCARES	11,2 g
VITAMINAS	A, B$_6$, C

SUPERCHOCOLATE CALIENTE

2 raciones
sin gluten

Este chocolate espeso se anima con especias cálidas como la canela, la cayena y el jengibre: es ideal para entrar en calor ante la chimenea tras un día de frío invierno.

Prep.: 5 min (y 3 h de congelación)

2 cucharadas de cacao en polvo

2 cucharadas de azúcar de coco o azúcar de caña sin refinar

60 ml de agua

1 cucharadita de maca en polvo

½ cucharadita de canela

⅛ de cucharadita de cayena

⅛ de cucharadita de jengibre en polvo

una pizca de sal marina

1 cucharadita de aceite de coco

500 ml de leche vegetal (al gusto)

1 Triture todos los ingredientes en una batidora hasta obtener una crema suave, durante aproximadamente 1 minuto.

2 Vierta el contenido en un cazo pequeño y caliéntelo a fuego medio de 6 a 8 minutos. Sírvalo en tazas y disfrútelo.

CALORÍAS (POR RACIÓN)	181
PROTEÍNAS	2,7 g
GRASA TOTAL	7,7 g
GRASAS SATURADAS	2,6 g
HIDRATOS DE CARBONO	27,7 g
FIBRA DIETÉTICA	3,4 g
AZÚCARES	20,9 g
VITAMINAS	A

LECHE DORADA DE CÚRCUMA

2 raciones
sin gluten

La leche dorada es una bebida tradicional ayurvédica que emplea el poder curativo de la cúrcuma. Esta bebida caliente es ideal para relajarse por la noche.

Prep.: 5 min | Cocción: 5 min

500 ml de leche vegetal (al gusto)

1 cucharadita de cúrcuma o 1 cucharada de cúrcuma fresca picada

¼ de cucharadita de jengibre en polvo o ½ cucharadita de jengibre fresco picado

¼ de cucharadita de canela

una pizca de pimienta negra

1 cucharadita de aceite de coco

jarabe de arce, al gusto

1 Ponga todos los ingredientes, excepto el jarabe de arce, en un cazo pequeño y caliéntelos suavemente 10 minutos, pero no deje que hiervan. Endulce la leche a su gusto con jarabe de arce, cuélela con un colador de malla fina (si utiliza cúrcuma o jengibre frescos) y sírvala.

CALORÍAS (POR RACIÓN)	111
PROTEÍNAS	1,2 g
GRASA TOTAL	6,8 g
GRASAS SATURADAS	2,0 g
HIDRATOS DE CARBONO	11,1 g
FIBRA DIETÉTICA	1,5 g
AZÚCARES	7,5 g
VITAMINAS	A

ÍNDICE ALFABÉTICO

ÍNDICE DE RECETAS